CHEVAUX DE TRAIT
DE L'ARTILLERIE

RAPPORT DE LA COMMISSION

CHARGÉE DE SUIVRE LES EXPÉRIENCES SUR LE CHEVAL D'ATTELAGE D'ARTILLERIE

EN 1909

AVEC 49 FIGURES DANS LE TEXTE

BERGER=LEVRAULT & Cie, ÉDITEURS

PARIS	NANCY
RUE DES BEAUX-ARTS, 5—7	RUE DES GLACIS, 18

1910

CHEVAUX DE TRAIT

DE L'ARTILLERIE

RAPPORT DE LA COMMISSION

CHARGÉE DE SUIVRE LES EXPÉRIENCES SUR LE CHEVAL D'ATTELAGE D'ARTILLERIE

EN 1909

AVEC 49 FIGURES DANS LE TEXTE

BERGER-LEVRAULT & Cie, ÉDITEURS

PARIS | NANCY
RUE DES BEAUX-ARTS, 5-7 | RUE DES GLACIS, 18

1910

Prix : 2 fr. 50

Extrait de la *Revue d'Artillerie* — Avril-Mai 1910

CHEVAUX DE TRAIT DE L'ARTILLERIE

RAPPORT

DE LA

Commission chargée de suivre les expériences sur le cheval d'attelage d'artillerie en 1909 [1]

Le présent rapport comprend les divisions suivantes :

I. — Composition de la commission.

II. — But des expériences.

III. — Programme des expériences.

IV. — Caractéristiques des épreuves dans chaque centre.

V. — Opérations de la commission.

VI. — Examen des chevaux par la commission avant les épreuves.

VII. — Examen des chevaux par la commission après les épreuves.

VIII. — Conclusions de la commission.

[1] Ce rapport est du 9 novembre 1909.

On peut consulter sur le même sujet, dans la *Revue d'Artillerie*, les articles intitulés : *Le Cheval d'artillerie*, par le lieutenant P. Joly, t. **54**, p. 328; *Chevaux et voitures d'artillerie*, par le commandant Machart, t. **57**, p. 136; t. **58**, p. 164, 306.

Les figures de 1 à 16 et la figure 49 se rapportent à des chevaux examinés à Rennes; celles de 17 à 29, à Clermont-Ferrand; celles de 30 à 41, à Nancy; celles de 42 à 48 à Castres. Les abréviations employées dans la légende de chacune de ces figures signifient : t. = taille; p. = poids; t. p. = tour de poitrine; l. p = largeur de poitrine; L. = longueur; t. c. = tour du canon; d. = distance du passage des sangles au sol; or. = origine.

I — Composition de la Commission

MM. le général CHATELAIN, commandant l'artillerie du
  20ᵉ corps, *Président;*
  l'inspecteur général des haras OLLIVIER;
  le lieutenant-colonel GOSSART, commandant l'É-
  cole militaire de l'artillerie et du génie;
  le chef d'escadron DIEZ, du 1ᵉʳ bureau de la 3ᵉ Direction au Ministère de la guerre;
  le chef d'escadrons COURTOIS, du 24ᵉ rég. de dragons;
  le chef d'escadron JAILLON, du 5ᵉ rég. d'art.;
  le chef d'escadron PEIGNÉ, du 28ᵉ rég. d'art.;
  le chef d'escadron BARNY DE ROMANET, du 39ᵉ rég.
  d'art.;
  le vétérinaire-major JUNOT, du 10ᵉ rég. d'art.;
  le capitaine d'art. FONDEUR, à la disposition du
  général inspecteur permanent des remontes;
  le capitaine d'art. MARTY, officier acheteur à titre
  permanent au dépôt de remonte de Saint-Lô.

II — But des expériences

Le but que s'est proposé la commission dans ces expériences a été :

1º De constater dans des épreuves sévères, sensiblement analogues à celles du temps de guerre, les aptitudes au trait des chevaux d'artillerie provenant des
différentes régions d'élevage en France;

2º De définir le modèle du cheval le plus apte au
service du trait dans les batteries montées.

III — Programme des expériences

Les expériences ont été organisées conformément au
programme établi par la commission et approuvé par
M. le Ministre de la guerre (Voir annexe I).

Fig. 1 — *Amaranthe* (Finistère). — Très bon modèle de trait. — Dép. Guingamp
9 ans ; — t. 1,55 ; — p. 472 ; — t. p. 1,79 ; — l. p. 0,41 ; — L. 1,535 ; — t. c. 0,20 ; — d. 0,86
Or. *Rufus of Redness* (Norfolk anglais) et *Coquette*

Fig. 2 — *Ail* (Finistère). — Bon modèle de trait. — Dép. Guingamp
15 ans ; — t. 1,59 ; — p. 532 ; — t. p. 1,88 ; — l. p. 0,41 ; — L. 1,615 ; — t. c. 0,21 ; d. 0,86

D'une façon générale, il n'a pas été possible de trouver dans chaque centre le nombre de chevaux remplissant exactement les conditions indiquées par les tableaux B (Voir annexe III), en ce qui concerne la taille; on s'en est d'ailleurs rapproché autant que possible, comme le prescrivait le programme (p. 38).

IV — Caractéristiques des épreuves dans chaque centre

1º Castres (du 26 juin au 11 juillet). — Le temps a été particulièrement favorable. La température a varié entre 12º et 16º pendant le jour, et n'est pas descendue au-dessous de 8º pendant les nuits que les chevaux ont passées au bivouac. Les pluies ont été assez fréquentes, en particulier pendant les deux nuits de bivouac.

Les routes étaient en bon état, larges et bien roulantes, mais très accidentées, avec des rampes de 5 à 8 p. 100. L'une d'elles a présenté une rampe de 12 p. 100 sur une longueur de 3 km. Ces variations de niveau très fréquentes, coïncidant souvent avec les temps du trot, ont été une cause de grande fatigue pour les chevaux.

Les mises en batterie ont été faites en passant par des chemins encaissés, souvent difficiles et sur des terrains lourds et très en pente.

2º Rennes (du 17 juillet au 1er août). — Le temps a été très favorable, la température moyenne a été de 19º, sauf deux jours, où elle est montée jusqu'à 24º. Au bivouac, la température n'est pas descendue au-dessous de 12º. Les chevaux ont pu être abreuvés très largement et baignés très souvent dans les étangs. Les routes avaient des chaussées dures, présentant fréquemment une surface très inégale parsemée de petites aspérités rocheuses.

De nombreux parcours, dans la période marches-manœuvres, ont été effectués dans des chemins de terre très

Fig. 3 — *Cousine* (Finistère). — Bon modèle de trait. — Dép. Guingamp
7 ans ; — t. 1,58 ; — p. 548 ; — t. p. 1,87 ; — l. p. 0,42 ; L. 1,625 ; t. c. 0,215 ; — d. 0,85
Or. *Althorp* wonder norfolk ang. et *Rosette* 1/2 s. norf.

Fig. 4 — *Dorure* (Finistère). — Modèle trop léger pour le trait. — Dép. Guingamp
6 ans ; — t. 1,55 ; — p. 466 ; — t. p. 1,80 ; — l. p. 0,38 ; — L. 1,475 ; — t. c. 0,205 ; — d. 0,85
Or. *Revival* 1/2 s. norf. et *Petite*, trait

étroits, encaissés, herbeux, rocailleux, souvent bour-
beux, découpés par des ornières très profondes et offrant
quelquefois des rampes dont la raideur représentait le
maximum de ce qu'il est possible d'affronter avec du
matériel de 75.

Les mises en batterie ont été faites chaque fois à la
suite de temps de trot de longue haleine et sans changer
d'allure, dans des landes dont le sol était en général
peu lourd, mais souvent très en pente.

3° Clermont-Ferrand (du 6 au 21 août). — Le temps
a été peu favorable pendant presque toute la durée des
épreuves. La température a été très élevée et a atteint
un jour 35°; elle était lourde et orageuse dès le lever du
soleil, et très peu fraîche pendant la nuit. Ces conditions
atmosphériques ont été une des causes de la fatigue générale constatée chez un grand nombre de chevaux.

Les routes étaient assez roulantes et peu accidentées
pendant les six premiers jours, beaucoup moins bonnes
pendant les marches-manœuvres où elles étaient poussiéreuses, dures, par suite des aspérités du sol et des cailloux
roulants très nombreux qui les recouvraient. Les chemins de terre étaient difficiles, rocailleux, avec quelques
pentes assez raides.

Les mises en batterie ont été faites dans des chaumes,
en terrain lourd, après un parcours limité à 500 m au
maximum, par suite du retard des moissons.

Les chevaux ont pu être abreuvés, en général, assez
largement.

4° Nancy (du 10 au 25 octobre). — Malgré la période
avancée de l'année, pendant laquelle ont eu lieu les
expériences, les conditions atmosphériques ont été très
favorables; la température moyenne a été de 12°. Pendant les nuits passées au bivouac par les chevaux, le ther-
momètre est descendu à 10° le 12 octobre, 1° le 14, 5° le
19 et 4° le 24. Le temps a été beau, sauf la nuit du bi-

Fig. 5 — *Balerine* (Côtes-du-Nord). — Bon modèle de trait. — Dép. Guingamp
8 ans ; — t. 1,585 ; — p. 527 ; — t. p. 1,85 ; — l. p. 0,41 ; — L. 1,605 ; — t. c. 0,21 ; — d. 0,86
Or. *Tw général* 1/2 s. et *Tréguère*, trait

Fig. 6 — *Gondole* (Côtes-du-Nord). — Modèle médiocre (lymphatique, trop long). — Dép. Guingamp
16 ans ; — t. 1,63 ; — p. 542 ; — t. p. 1,86 ; — l. p. 0,42 ; — L. 1,645 ; — t. c. 0,225 ; — d. 0,865
Or. *Boismort*, trait et *Pauline*, trait

vouac du 24 octobre, pendant laquelle une pluie froide est tombée d'une façon continue.

Les routes, généralement bien entretenues, étaient larges, très roulantes et peu poussiéreuses; celles des six premiers jours de marche présentaient des différences de niveau très considérables, avec des rampes nombreuses et très fortes.

Pendant la période de marches-manœuvres, les itinéraires comprenaient des chemins de culture peu roulants et très accidentés.

Les mises en batterie ont toutes été effectuées sur des terrains argileux, encore détrempés et très lourds à la traction, ce qui a nécessité de la part des attelages des efforts très grands, continus et une grande fidélité à la bricole.

V — Opérations de la Commission

La commission a examiné tous les chevaux d'attelage participant aux épreuves :

1º Individuellement, l'avant-veille du départ [pendant cet examen, toutes les mensurations figurant aux tableaux A (annexe II) ont été prises, les chevaux à jeun];

2º Par catégories, la veille du départ;

3º Par catégories, le jour de l'arrivée;

4º Individuellement, le lendemain de l'arrivée (les chevaux ont été pesés de nouveau, à jeun).

En plus des opérations prévues par le programme, l'attention de la commission s'est portée spécialement sur quelques animaux qui lui ont paru, dans chaque catégorie, le mieux adaptés au service du trait dans l'artillerie, d'une part, et sur ceux qui lui ont paru les moins adaptés, d'autre part.

Ces choix ont été faits la veille du départ et indépendamment de toute mensuration.

Fig. 7 — *Coco* (Côtes-du-Nord). — Modèle de selle, inapte au trait (beaucoup trop léger)
Dép. Guingamp
13 ans ; — t. 1,56 ; — p. 437 ; — t. p. 1,74 ; — l. p. 0,39 ; — L. 1,55 ; — t. c. 0,19 ; — d. 0,86

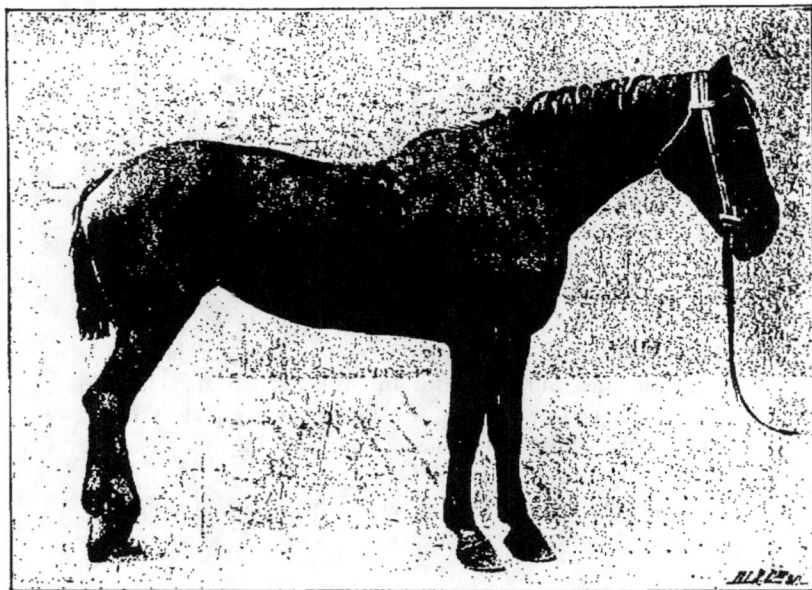

Fig. 8 — *Tigresse* (Ille-et-Vilaine). — Modèle médiocre (cheval usé). — Dép. Guingamp
17 ans ; — t. 1,60 ; — p. 498 ; — t. p. 0,39 ; — L. 1,605 ; — t. c. 0,21 ; — d. 0,875

Le jour de l'arrivée, tous ces chevaux ont été de nouveau soumis à l'attention spéciale de la commission.

Le tableau des mensurations et renseignements figure à l'annexe IV, jointe à ce rapport.

Les expériences ont été suivies par une délégation de la commission, composée de trois membres.

La commission s'est efforcée *surtout* de déterminer, parmi tous les animaux de trait soumis aux expériences, ceux qui ont le mieux supporté les épreuves *sans distinction de provenance*. Dans des feuilles annexes, elle a indiqué ses observations particulières sur les chevaux provenant des différentes régions d'élevage.

Dans le but d'étudier l'influence de la taille, ainsi que le prescrivait le programme (Voir p. 38), elle a groupé, pour les résultats, tous les chevaux ayant pris part aux épreuves dans les quatre centres, en deux catégories :

La première, comprenant tous les chevaux de taille supérieure à 1,60 m;

La deuxième, comprenant tous les chevaux de taille égale ou inférieure à 1,60 m.

Ce chiffre de 1,60 m a été choisi parce qu'il représente approximativement la taille moyenne de l'ensemble des chevaux soumis aux expériences.

De cette répartition résulte le tableau suivant, qui indique le nombre d'animaux ayant pris part aux épreuves :

CENTRE des expériences	CHEVAUX de taille supérieure à 1m 60	CHEVAUX de taille égale ou inférieure à 1m 60	TOTAL
Castres.	71	48	119
Rennes.	40	66	106
Clermont.	56	48	104
Nancy	57	76	133
Totaux.	224	238	462

Fig. 9 — *Auditeur* (Ile-et-Vilaine). — Très bon modèle de trait. — Dép. Guingamp
9 ans ; — t. 1,60 ; — p. 509 ; — t. p. 1,87 ; — l. p. 0,42 ; — L. 1,585 ; — t. c. 0,21 ; — d. 0,90
or. *Kabin* et *Maraichère* 1/2 s.

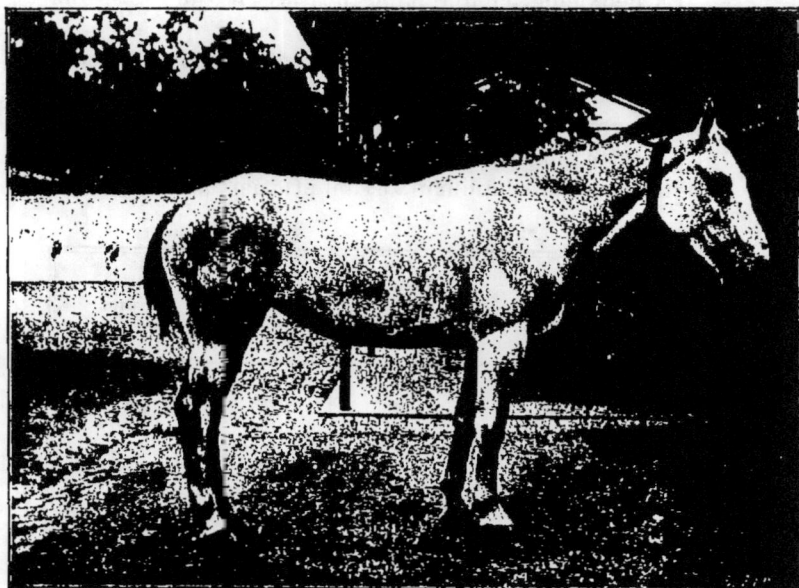

Fig. 10 — *Albanie* (Manche). — Bon modèle de trait. — Dép. Saint-Lô
9 ans ; — t. 1,625 ; — p. 523 ; — t. p. 1,93 ; — l. p. 0,40 ; — L. 1,61 ; — t. c. 0,22 ; — d. 0,872

Ont été évacués sur leurs garnisons pendant les expériences et ne figurent pas dans les chiffres ci-dessus :

A Castres : 3 chevaux pour coups de pied ;

A Rennes : 2 chevaux, 1 pour coup de pied, 1 pour fourbure générale (Dollar) ;

A Clermont : 2 chevaux pour coups de pied ;

A Nancy : 1 cheval pour coup de pied.

VI — Examen des chevaux par la Commission avant les épreuves

A l'examen des chevaux avant le départ et avant toute mensuration, la commission a été frappée du grand nombre d'animaux *bas d'état* (101 sur 462, soit plus du cinquième de l'effectif).

Elle a constaté que ces chevaux bas d'état étaient : ou bien des chevaux d'aspect très léger, quelles que soient d'ailleurs leurs tailles, ou bien des chevaux de grande taille, très longs à côtes courtes, ou trop enlevés.

L'étude, dans le tableau A (annexe IV), des mensurations de ces animaux faites lors du premier examen de la commission, fournit les renseignements suivants :

40 chevaux ont un poids inférieur à 470 kg ;

65 sont de taille supérieure à 1,60 m, soit 64,4 p. 100 (dont 38 p. 100 de taille supérieure à 1,63) ;

36 sont de taille égale ou inférieure à 1,60 m, soit 35,6 p. 100 ;

24 ont une longueur variant entre 1,645 m et 1,705 m ;

40 ont une distance du sol au passage des sangles comprise entre 88 et 93 cm.

La commission a été également très frappée par le peu d'homogénéité des chevaux de chaque batterie, même entre les animaux de même provenance, tant au point de vue de la conformation que de la taille.

Le tableau ci-après indique les variations des mensurations sur l'ensemble de tous les chevaux soumis aux expériences.

Fig. 11 — *Coquette* (Manche). — Très bon modèle de trait. — Dép. Saint-Lô
15 ans ; — t. 1,585 ; — p. 492 ; — t. p. 1,89 ; — l. p. 0,45 ; — L. 1,555 ; — t. c. 0,21 ; — d. 0,86
Or. *Incandescent* et *Voltigeuse* 1/2 s.

Fig. 12 — *Bigorée* (Manche). — Bon modèle de trait. — Dép. Saint-Lô
8 ans ; — t. 1,59 ; — p. 483 ; — t. p. 1,81 ; — l. p. 0,36 ; — L. 1,555 ; — t. c. 0,20 ; — d. 0,85
Or. *Kiss* 1/2 s. (par *Ministère* p. s.) et *Cocotte* 1/2 s.

	TAILLE	POIDS (1)	PENTE du poids	TOUR de poitrine	TOUR du tendon (2)	LONGUEUR du cheval (3)	LARGEUR du poitrail (4)	DISTANCE du sol au passage des sangles
	m	kg	kg	m	m	m	m	m
Minimum	1,55	371	0	1,71	0,19	1,475	0,33	0,80
Maximum	1,71	570	82	1,95	0,23	1,73	0,45	0,93

(1) Les chevaux ont été pesés à jeun et sans avoir bu.
(2) Tour du tendon pris à n° 10 au-dessous de l'os crochu.
(3) Longueur mesurée de la pointe de l'épaule à la pointe de la fesse.
(4) Largeur du poitrail mesurée entre les deux pointes d'épaule.
Toutes les mensurations ont été prises par le même membre de la commission, M. le vétérinaire-major Junot.

VII — Examen des chevaux par la Commission après les épreuves

La commission a assisté au retour de chaque batterie dans sa garnison le dernier jour des épreuves. L'après-midi du même jour, elle a examiné l'ensemble des chevaux par catégories et plus particulièrement ceux qu'elle avait choisis avant le départ comme les plus aptes ou les moins aptes au service du trait.

Le lendemain, elle a examiné tous les chevaux individuellement et a consigné sur les tableaux A (annexe IV), les renseignements sur le poids, l'état général, la fatigue et les blessures.

La commission a été heureuse de constater que toutes les batteries étaient rentrées dans leurs garnisons respectives avec leurs effectifs au complet (huit chevaux seulement, sur l'ensemble des quatre épreuves, ont dû être renvoyés à leurs corps : 7 pour coups de pied, 1 pour fourbure).

L'examen des tableaux A pour tous les chevaux ayant

Fig. 13 — *Cube* (Manche). — Bon modèle de trait. — Dép. Saint-Lô
7 ans ; — t. 1,61 ; — p. 474 ; — t. p. 1,81 ; — l. p. 0,36 ; — L. 1,625 ; — t. c. 0,215 ; — d. 0,88
Or. *Louton* et *Poulette* 1/2 s. (par *Richard* 1/2 s.)

Fig. 14 — *Arlon* (Manche). — Modèle médiocre (trop grand et trop enlevé). — Dép. Saint-Lô
14 ans ; — t. 1,645 ; — p. 566 ; — t. p. 1,89 ; — l. p. 0,41 ; — L. 1,58 ; — t. c. 0,21 ; — d. 0,912
Or. *Fronton* 1/2 s. et *Bibi* 1/2 s.

participé aux épreuves pendant toute leur durée, fournit les résultats suivants :

1° Chevaux bas d'état

115 chevaux de taille supérieure à 1,60 m (sur 224), soit 51 p. 100;

85 chevaux de taille égale ou inférieure à 1,60 m (sur 238), soit 35 p. 100;

Au total : 200 chevaux, soit 43 p. 100 de l'effectif total.

Si l'on en déduit les 101 chevaux déjà *bas d'état* avant leur départ, on constate que, parmi les 99 autres partis en *bon état* ou *assez bon état*, 88 présentent une ou plusieurs des caractéristiques suivantes :

1° *Poids inférieur à 480 kg ;*
2° *Poids supérieur à 520 kg ;*
3° *Longueur excédant de beaucoup la taille ;*
4° *Distance du sol au passage des sangles supérieure à 88 cm.*

2° Chevaux fatigués

Ont accusé des traces de grande fatigue :

84 chevaux de taille supérieure à 1,60 m (sur 224), soit 37 p. 100;

65 chevaux de taille égale ou inférieure à 1,60 m (sur 238), soit 27 p. 100.

3° Chevaux blessés au garrot ou au-dessus du cou

26 chevaux de taille supérieure à 1,60 m (sur 224), soit 11,6 p. 100;

7 chevaux de taille égale ou inférieure à 1,60 m (sur 238), soit 3 p. 100.

Fig. 15 — *Helyel* (Manche). — Très mauvais modèle de trait. — Dép. Saint-Lô
8 ans ; — t. 1,615 ; — p. 456 ; — t. p. 1,85 ; — l. p. 0,37 ; — L. 1,585 ; — t. c. 0,20 ; — d. 0,858

Fig. 16 — *Vtille* (Manche). — Modèle médiocre. — Dép. Saint-Lô
16 ans — t. 1,61 ; — p. 461 ; — t. p. 1,77 ; — l. p. 0,39 ; — L. 1,605 ; — t. c. 0,20 ; — d. 0,86

4° Chevaux n'ayant pu aller aux grandes manœuvres

A la suite de l'expérience de Clermont (la batterie est rentrée à Clermont le 21 août) :

25 chevaux ayant participé aux épreuves n'ont pu aller aux manœuvres qui ont eu lieu à partir du 5 septembre, 5 pour blessures graves causées par le harnachement et 20 pour fatigue générale, se décomposant relativement à la taille de la façon suivante :

17 chevaux de taille supérieure à 1,60 m (sur 56), soit 30 p. 100 ;

8 chevaux de taille égale ou inférieure à 1,60 m (sur 48), soit 16 p. 100.

De plus, pendant les épreuves, la délégation de la commission a constaté que des voitures attelées avec des chevaux de masse insuffisante ont été arrêtées sur route dans des montées à pentes raides, et que d'autres, attelées avec des chevaux manquant de trempe, ont eu beaucoup de peine à arriver en terrain lourd sur l'emplacement de la mise en batterie.

Il résulte de ces constatations que :

a) Les chevaux qui présentent l'une des caractéristiques ci-dessous :

1° *Poids inférieur à 480 kg ou supérieur à 520 kg ;*

2° *Longs ou trop enlevés ;*

3° *Taille supérieure à 1,60 m,*

ont été beaucoup plus éprouvés que les autres chevaux;

b) En outre, *le manque de trempe et l'excès de nervosité sont deux graves écueils à éviter.*

VIII — Conclusions de la Commission

Les conclusions ci-après sont basées non seulement sur l'examen et l'étude détaillée des tableaux A, mais encore sur les observations et les renseignements donnés par les

Fig. 17 — *Isaure* (Finistère). — Bon modèle de trait. — Dép. Guingamp
10 ans ; — t. 1,555 ; — p. 515 ; — l. p. 1,89 ; — t. p. 0,395 ; — L. 1,565 ; — t. c. 0,21 ; — d. 0,835

Fig. 18 — *Fortune* (Finistère). — Bon modèle de trait. — Dép. Guingamp
13 ans ; — t. 1,56 ; — p. 500 ; — t. p. 1,81 ; — l. p. 0,36 ; — L. 1,59 ; — t. c. 0,21 ; — d. 0,84

officiers de la commission qui ont accompagné les batteries, et qui ont fourni de précieuses indications sur le travail fourni, l'endurance et l'énergie dépensée par un certain nombre d'animaux présentant des qualités ou des défauts bien caractérisés.

Dans ses conclusions, la commission a cherché à définir les aptitudes du cheval qui a le mieux supporté, au cours des différentes épreuves, les fatigues les plus dures et, en particulier, celles du porteur de derrière. Elle n'a pas oublié qu'à la mobilisation, les batteries recevront environ 60 p. 100 d'animaux provenant de la réquisition, ce qui implique la nécessité pour tout cheval d'attelage du temps de paix, d'être apte à occuper le poste du porteur de derrière, qui est le véritable guide de la voiture.

La commission a trouvé d'excellents chevaux dans tous les lots soumis à son examen. Tous ces bons chevaux, quelles que soient leurs provenances et les régions dans lesquelles ont eu lieu les épreuves, présentent, d'une façon générale, les mêmes caractéristiques.

Les expériences font nettement ressortir que les facteurs les plus importants à considérer dans l'aptitude au trait des chevaux destinés à conduire le matériel de 75 sont :

1º La *masse* ;

2º La *taille* ;

3º La *trempe* ;

4º Le *rapport de la longueur du cheval à sa taille.*

Au point de vue de la masse, le cheval d'attelage doit démarrer et traîner en tout terrain environ 400 kg (la voiture étant attelée à 6), porter 110 kg, retenir au trot avec son sous-verge 2.380 kg et résister aux mouvements latéraux des chevaux de devant et du milieu dans les tournants. Les expériences font ressortir que ce cheval doit atteindre, *à son complet développement*

Fig. 19 — *Goyave* (Finistère). — Modèle de trait médiocre. — Dép. Guingamp
12 ans ; — t. 1,55 ; — p. 455 ; — t. p. 1,72 ; — l. p. 0,365 ; — L. 1,535 ; — t. c. 0,20 ; — d. 0,86

Fig. 20 — *Donjon* (Finistère). — Modèle de trait très médiocre. — Dép. Guingamp
6 ans ; — t. 1,60 ; — p. 445 ; — t. p. 1,79 ; — l. p. 0,36 ; — L. 1,565 ; — t. c. 0,205 ; — d. 0,885
Or. *Hercule* (trait) et *Saint-Lazare*

et en complet état d'entraînement, un poids voisin de 500 kg.

Au point de vue de la taille, le cheval d'attelage, dont le point d'attache des traits n'est qu'à 70 centimètres au-dessus du sol, qui doit supporter le timon ainsi que des surcharges intermittentes occasionnées par la traction des chevaux de devant et du milieu, et qui doit se contenter de la ration normale de campagne, *doit avoir une taille comprise entre 1,54 m et 1,62 m à son complet développement*, ce qui exigerait de nouvelles prescriptions *au point de vue des limites de taille pour l'achat des jeunes chevaux*.

Quant au rapport de la longueur à la taille, le cheval d'attelage doit avoir *une longueur sensiblement égale à sa taille*.

La mobilité de l'artillerie étant une des qualités essentielles de cette arme, il faut que le cheval d'attelage soit capable d'effectuer sans interruption, à l'allure réglementaire, des temps de trot pouvant atteindre, dans des moments urgents, des longueurs de 8 à 10 km, *d'où la nécessité d'une certaine trempe*. Les expériences ont permis, en effet, de constater que quelques chevaux lymphatiques, particulièrement ceux de gros poids, avaient été très éprouvés à la suite de longs temps de trot.

En résumé, il résulte des expériences auxquelles la commission a présidé que : indépendamment des qualités générales à exiger de tout bon cheval, le cheval de trait d'artillerie, *à son complet développement et en état d'entraînement*, doit présenter les caractères suivants :

1º *Poids oscillant étroitement autour de 500 kg ;*

2º *Taille comprise entre 1,54 m et 1,62 m ;*

3º *Longueur sensiblement égale à la taille ;*

4º *Être compact, près de terre, trempé et sans nervosité.*

———

Fig. 21 — *Coquette II* (Calvados). — Très bon modèle de trait. — Dép. Caen
11 ans ; — t. 1,57 ; — p. 490 ; — t. p. 1,80 ; — l. p. 0,36 ; — L. 1,56 ; — t. c. 0,20 ; — d. 0,84
Or. *Hallencourt* et *Josaphat*

Fig. 22 — *Dérision* (Manche). — Bon modèle de trait. — Dép. Caen
6 ans ; — t. 1,62 ; — p. 490 ; — t. p. 1,87 ; — l. p. 0,37 ; — L. 1,57 ; — t. c. 0,20 ; — d. 0,87
Or. *Pluton* (a) et *Nelson*

AVIS DE LA COMMISSION SUR LES DIVERSES RACES
DE CHEVAUX EXAMINÉES

Chevaux normands

Les chevaux de race normande sont achetés par les trois dépôts de remonte de Saint-Lô, Caen et Alençon. Ils provenaient en grande partie des départements de la Manche et du Calvados, et quelques-uns des départements de l'Orne et de la Mayenne.

Dans l'ensemble, la commission a trouvé un bon nombre de chevaux ayant des aptitudes remarquables pour le trait, tant par leur conformation générale, que par leur trempe.

Quelques lots ont manqué d'homogénéité : ils renfermaient des animaux trop grands, trop longs, trop plats, avec un poids peu en rapport avec leur taille; d'autres manquaient de masse, étaient nerveux, irritables et d'une conduite assez délicate. Tous cependant accusaient de l'espèce et beaucoup de trempe.

La délégation de la commission a constaté dans deux circonstances (montées très raides pendant les épreuves de Rennes) l'insuffisance de masse de chevaux attelés à notre matériel, malgré l'ardeur remarquable montrée par ces animaux :

1° Un canon attelé de grands normands a dû s'arrêter au milieu de la montée entre Treffendel et Saint-Thurial; ce n'est qu'après de nombreux essais de démarrage qu'il a pu enfin arriver au sommet de la rampe, après avoir arrêté pendant quelques instants tout le reste de la colonne;

2° Dans la forte montée de l'Aff-sur-Beignon, au moment où le terrain était lourd et collant, une voiture, attelée avec d'excellents petits normands, a eu beaucoup

Fig. 23 — *Lisette II* (Manche). — Assez bon modèle de trait. — Dép. Caen
7 ans ; — t. 1,61 ; — p. 500 ; — t. p. 1,87 ; — l. p. 0,365 ; — L. 1,615 ; — t. c. 0,20 ; — d. 0,85
Or. *Liberator* et *Rennes*

Fig. 24 — *Horloge* (Ille-et-Vilaine). — Très mauvais modèle de trait (trop long). — Dép. Caen
11 ans ; — t. 1,615 ; — p. 485 ; — t. p. 1,76 ; — l. p. 0,385 ; — L. 1,645 ; — t. c. 0,20 ; — d. 0,88
Cr. *Maraichère* (d'Hennebont) et *Radieux*

de peine à suivre celles qui la précédaient, malgré l'énergie dépensée par ses vaillants attelages.

Ces deux constatations montrent que, si un bon degré de sang est toujours désirable, il ne doit jamais compromettre les autres qualités et notamment la masse.

Chevaux ardennais et chevaux de l'Est de la France

1° Chevaux ardennais

Les chevaux ardennais qui ont pris part aux épreuves de Nancy, provenaient des trois départements Ardennes, Meurthe-et-Moselle et Vosges. Ils étaient au nombre de 19 (1 a dû être évacué pour coup de pied) se décomposant de la façon suivante :

1° Au point de vue de l'âge :

> 1 de 8 ans,
> 3 de 7 ans,
> 9 de 6 ans (dont celui qui a été évacué),
> 6 de 5 ans;

2° Au point de vue de la taille :

> 1 de 1^m 64,
> 1 de 1^m 62,
> 1 de 1^m 61,
> 16 de taille égale ou inférieure à 1^m 60.

Tous sont partis en bon état ou assez bon état, sauf un.

Deux sont revenus bas d'état (leurs poids avant le départ étaient respectivement de 472 kg et 448 kg).

Presque tous ces chevaux offraient les conditions de taille et de masse recherchées pour l'attelage (trois avaient cependant un poids trop élevé), joignant à ces qualités une puissance de démarrage, une rusticité et

Fig. 25 — *Roulette* (Saône-et-Loire). — Très bon modèle de trait. — Dép. Mâcon
8 ans ; — t. 1,61 ; — p. 500 ; — t. p. 1,85 ; — l. p. 0,375 ; — L. 1,615 ; — t. c. 0,20 ; — d. 0,86
Or. *Édredon*

Fig. 26 — *Brunette* (Loire). — Très mauvais modèle de trait. — Dép. Aurillac
13 ans ; — t. 1,58 ; — p. 448 ; — t. p. 1,77 ; — l. p. 0,39 ; — L. 1,525 ; — t. c. 0,20 ; — d. 0,84
Or. *Escadron* et *Austerlitz*

une facilité d'entretien nettement constatées. Toutefois, les chevaux de cinq ans ont été beaucoup plus éprouvés que ceux d'un âge supérieur.

Les chevaux issus des étalons ou juments importés en France par le Syndicat du cheval de trait ardennais de Meurthe-et-Moselle (ardennais purs) n'ont pas pris part aux épreuves de Nancy (sauf un de cinq ans), parce que tous ceux qui ont été achetés jusqu'ici par le dépôt de remonte de Faverney ne sont âgés que de quatre ans. La commission a estimé que, dans l'*intérêt des éleveurs* qui font tous leurs efforts pour reconstituer notre ancienne race ardennaise de trait léger, il eût été imprudent de soumettre à des épreuves excessivement dures, des chevaux de quatre ans, lorsque l'on sait, par une longue expérience, que les animaux de cet âge, quelles que soient leurs provenances, n'auraient pu les supporter sans de graves mécomptes; d'ailleurs, ceux de cinq ans, de race ardennaise, ont été particulièrement éprouvés, comme il est dit plus haut. Ce n'est que par une attention particulière dans les corps de troupe où ils ont été versés, que l'on pourra se rendre compte, dans quelque temps, si ces chevaux ont les aptitudes et la trempe suffisante pour le service de trait que leur demande l'artillerie.

2° Chevaux de l'Est de la France

Ce lot, sans aucune homogénéité, était composé de chevaux (d'ailleurs peu nombreux) provenant des régions les plus diverses (un certain nombre importés par les marchands) et n'offrant aucun caractère d'indigénat. Quelques-uns étaient d'un bon modèle d'attelage, mais presque tous ont paru manquer de trempe. Ils ont été particulièrement éprouvés par les expériences.

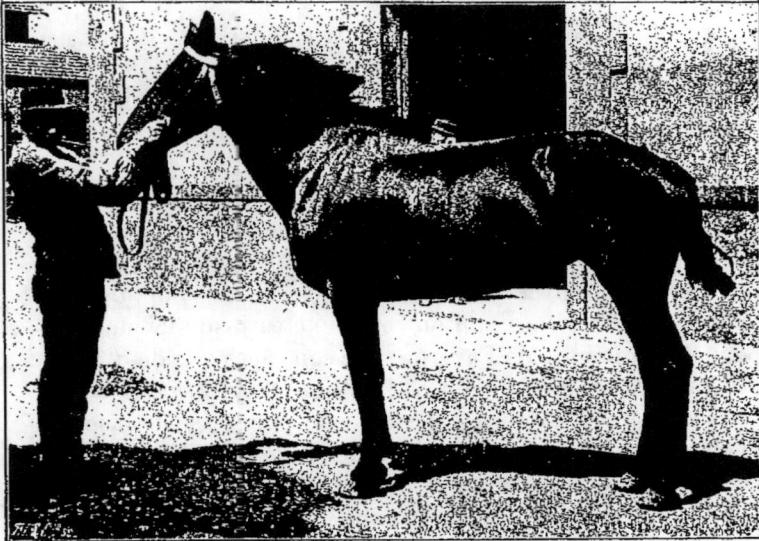

Fig. 27 — *Anisette* (Loire). — Bon modèle de trait. — Dép. Aurillac
9 ans ; — t. 1,61 ; — p. 480 ; — t. p. 1,76 ; — l. p. 0,38 ; — L. 1,57 ; — t. c. 0,20 ; — d. 0,87
Or. X... par *Espadon, Vanikoro*

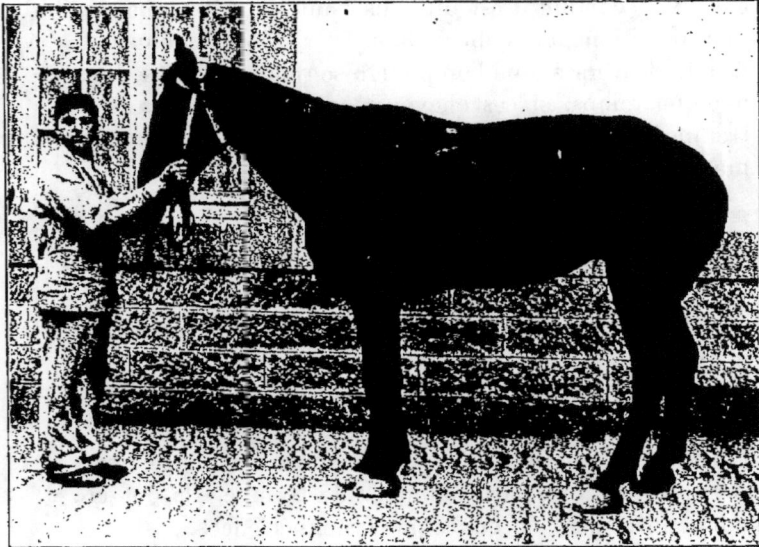

Fig. 28 — *Robert* (Manche). — Très mauvais modèle de trait. — Dép. Caen
9 ans ; — t. 1,67 ; — p. 505 ; — t. p. 1,86 ; — l. p. 0,36 ; — L. 1,625 ; — t. c. 0,21 ; — d. 0,89

Chevaux charentais et vendéens

La batterie d'expériences de Castres était entièrement constituée avec des chevaux achetés par les trois dépôts de remonte d'Angers, Fontenay, Saint-Jean-d'Angely. Ces animaux provenaient d'une région qui s'étend sur une certaine largeur le long de l'Océan, entre la Loire et la Gironde, et qui comprend comme principaux centres d'élevage les départements de Loire-Inférieure, Maine-et-Loire, Vendée, les Charentes.

Les chevaux de la partie nord de cette région, en particulier ceux de Maine-et-Loire et de la Loire-Inférieure, constituaient un lot assez homogène et de bonne formule d'attelage, constitué par des animaux de masse suffisante, amples, à rein large et bien attaché, avec de bons membres et une certaine trempe. Quelques-uns cependant avaient une taille trop élevée.

Les chevaux de la Vendée et des Charentes constituaient un lot beaucoup moins homogène que le précédent. La plupart d'entre eux accusaient de l'espèce et se sont montrés énergiques; mais beaucoup étaient trop grands, trop enlevés, manquant d'ampleur dans leur croupe et dans leur poitrail et surtout de masse (vingt-quatre avaient un poids inférieur à 460 kg avant le départ) avec des dessous trop légers. Ces chevaux ont été très éprouvés par les marches qui, cependant, ont eu lieu par un temps exceptionnellement favorable.

Chevaux bretons

Les chevaux de race bretonne sont achetés par le dépôt de remonte de Guingamp; ils proviennent des départements du Finistère, des Côtes-du-Nord, de l'Ille-

Fig. 29 — *Marquise* (Eure). — Très mauvais modèle de trait. — Dép. Caen
7 ans ; — t. 1,615 ; — p. 455 ; — t. p. 1,74 ; — l. p. 0,40 ; — L. 1,62 ; — t. c. 0,21 ; — d. 0,89

Fig. 30 — *Nestor* (Caen). — Bon modèle de trait. — Dép. Caen
14 ans ; — t. 1,56 ; — p. 538 ; — t. p. 1,90 ; — l. p. 0,41 ; — L. 1,56 ; — t. c. 0,22 ; — d. 0,84
Or. *Saint-Rigomer* et jument de trait

et-Vilaine. Les animaux du Finistère ont participé aux
épreuves de Rennes et de Clermont-Ferrand; ceux des
Côtes-du-Nord et de l'Ille-et-Vilaine, à celles de Rennes
seulement.

Le lot des chevaux du Finistère de taille égale ou inférieure à 1,60 m présentait (à l'exception de quelques
animaux trop légers) une homogénéité tout à fait remarquable au point de vue de la conformation, et un caractère d'indigénat nettement accusé. Ces animaux avaient
un poids oscillant étroitement autour de 500 kg; ils
étaient très étoffés, amples, trapus avec des reins larges
et de forts dessous. Ils ont montré une grande puissance
de démarrage et de traction sur tous les terrains, exer-
çant les efforts très régulièrement, avec calme et sans
à-coups. Ils ont cependant été un peu éprouvés (en particulier à Clermont-Ferrand) à la suite des longs temps
de trot, surtout ceux de trop gros poids, ce qui paraît
indiquer qu'un peu plus de trempe leur serait nécessaire.
A Clermont-Ferrand, où la qualité des chevaux bretons
était d'ailleurs inférieure à celle des chevaux de Rennes,
une voiture attelée avec des animaux du Finistère a eu
plusieurs fois une très grande difficulté à atteindre l'emplacement de batterie.

Les chevaux de grande taille du Finistère, d'ailleurs
peu nombreux, ont été extrêmement éprouvés; ils ont
accusé pendant les marches-manœuvres des traces de
grande fatigue. Ils manquent de trempe et sont peu aptes
au service du trait dans l'artillerie (Voir fig. 49).

Le lot des chevaux des Côtes-du-Nord et de l'Ille-et-
Vilaine était beaucoup moins homogène que celui du
Finistère. Les animaux qui provenaient des Côtes-du-
Nord avaient assez de masse et se rapprochaient, comme
type, du véritable breton. Ceux qui provenaient de l'Ille-
et-Vilaine étaient beaucoup plus légers (résultat du
croisement avec des normands) et moins adaptés au
service d'attelage.

Fig. 31 — *Dépêche* (Alençon B). — Bon modèle de trait. - Dép. Alençon
15 ans ; — t. 1,60 ; — p. 500 ; — t. p. 1,79 ; — l. p. 0,485 ; — l. 1,63 ; — l. c. 0,21 ; — d. 0,81

Fig. 32 — *Démission* (Saint-Lô B). — Bon modèle de trait. — Dép. Saint-Lô
6 ans ; — t. 1,57 ; — p. 470 ; — t. p. 1,87 ; — l. p. 0,39 ; — l. 1,50 ; — t. c. 0,21 ; — d. 0,82
Or. *Kilburn* et jument 1/2 s.

Chevaux du Centre de la France

Les chevaux du centre de la France qui ont participé aux épreuves de Clermont-Ferrand et de Nancy provenaient principalement du département de Saône-et-Loire; quelques-uns, à Clermont-Ferrand, des départements de la Nièvre, de l'Ain et de l'Allier.

Le lot de Saône-et-Loire était composé d'animaux accusant beaucoup d'espèce, mais offrant peu d'homogénéité et pas très adaptés pour l'attelage de notre matériel de 75. Il comprenait beaucoup de chevaux énergiques, mais manquant d'ampleur et de masse, trop grands, trop enlevés, trop longs, avec cependant de bons dessous. Ce lot a été très éprouvé dans l'épreuve de Clermont-Ferrand. Beaucoup de ces chevaux sont rentrés blessés, bas d'état et très fatigués.

Toutefois, les chevaux de Saône-et-Loire, dans les tailles voisines de 1,60 m ou inférieures et ayant une masse suffisante, avec une conformation se rapprochant du type attelage, ont supporté les épreuves d'une façon remarquable.

Le lot des départements de l'Ain, de l'Allier et de la Nièvre, qui ne comprenait que quelques animaux, était composé de chevaux ayant, en général, une masse suffisante, mais de taille trop grande et de conformation défectueuse qui les rendaient peu aptes au service du trait; la plupart ont dû être mis souvent haut le pied par suite de blessures ou de fatigues.

Les quelques chevaux de la Loire qui ont pris part aux expériences étaient d'un bon modèle d'attelage; compacts, de masse suffisante, bien trempés, ils ont parfaitement supporté les épreuves.

Fig. 33 — *Urane* (Alençon B). — Bon modèle de trait. — Dép. Alençon
11 ans ; — t. 1,60 ; — p. 554 ; — t. p. 1,92 ; — l. p. 0,39 ; — L. 1,64 ; — t. c. 0,22 ; — d. 0,86
Or. *Occidental* 1/2 s. et *Virago* 1/2 s.

Fig. 34 — *Agécourt* (Cuperly B). — Bon modèle de trait. — Dép. Cuperly
14 ans ; — t. 1,61 ; — p. 554 ; — t. p. 1,89 ; — l. p. 0,40 ; — L. 1,63 ; — t. c. 0,22 ; — d. 0,90
Or. *Hagécourt* 1/2 s. et *Charlotte*

ANNEXE I

PROGRAMME DES EXPÉRIENCES A EFFECTUER EN 1909 SUR LE CHEVAL D'ATTELAGE D'ARTILLERIE

Les expériences sur le cheval d'attelage d'artillerie prescrites par le ministre à la date du 12 mai 1909, ont pour but de constater l'aptitude au trait, dans les batteries montées, des chevaux des différentes régions d'élevage en France, ainsi que les qualités de rusticité et de résistance de ces animaux pour le service qu'ils seraient appelés à fournir en temps de guerre.

Ces expériences seront suivies par une commission ayant la composition suivante :

MM. le général CHATELAIN, commandant l'artillerie du 20e corps, *Président.;*

l'inspecteur général des haras OLLIVIER;

le lieutenant-colonel GOSSART, commandant l'École militaire de l'artillerie et du génie;

le chef d'escadron DIEZ, du 1er bureau de la 3e Direction au ministère de la guerre;

le chef d'escadron COURTOIS, du 24e rég. de dragons;

le chef d'escadron JAILLON, du 5e rég. d'art.;

le chef d'escadron PEIGNÉ, du 28e rég. d'art.;

le chef d'escadron BARNY DE ROMANET, du 39e rég. d'art.;

le vétérinaire-major JUNOT, du 10e rég. d'art.;

le capitaine d'art. FONDEUR, à la disposition du général inspecteur permanent des remontes;

le capitaine d'art. MARTY, officier acheteur à titre permanent du dépôt de remonte de Saint-Lô.

Fig. 35 — *Débouché* (Faverney B). — Bon modèle de trait. — Dép. Faverney
6 ans ; — t. 1,58 ; — p. 756 ; — t. p. 1,85 ; — l. p. 0,40 ; — L. 1,53 ; — t. c. 0,21 ; — d. 0,84.

Fig. 36 — *Caducée* (Caen). — Très défectueux modèle de trait (trop long). — Dép. Caen
13 ans ; — t. 1,605 ; — p. 495 ; — t. p. 1,82 ; — l. p. 0,38 ; — L. 1,65 ; — t. c. 0,22 ; — d. 0,87

Durée, lieu, dates des opérations

Les épreuves auront une durée de seize jours dans chaque centre (y compris deux jours de repos).

Elles auront lieu aux dates suivantes :

11ᵉ batterie du 3ᵉ régiment d'artillerie, à Castres, du 26 juin au 11 juillet;

10ᵉ batterie du 10ᵉ régiment, à Rennes, du 17 juillet au 1ᵉʳ août;

2ᵉ batterie du 36ᵉ régiment d'artillerie à Clermont-Ferrand, du 6 au 21 août;

8ᵉ batterie du 8ᵉ régiment d'artillerie à Nancy, du 10 au 25 octobre.

Nature des épreuves

Les épreuves comprendront deux périodes :

Première période. — Marches sur route d'une durée de six jours;

Deuxième période. — Marches-manœuvres d'une durée de huit jours.

Détail des épreuves

Première période. — Premier jour : départ de la garnison, marche de 25 km;

Deuxième jour : marche de 25 km;

Troisième jour : marche de 30 km avec bivouac à la fin de la marche;

Quatrième jour : marche de 30 km;

Cinquième jour : marche de 35 km, avec bivouac à la fin de la marche;

Sixième jour : marche de 35 km (départ de nuit).

Les marches auront lieu à la vitesse de 8 km à l'heure au maximum; on ne devra prendre que les allures réglementaires;

Septième jour : repos.

Fig. 37 — *Kiou-Sior* (Alençon). — Modèle de trait défectueux. — Dép. Alençon
9 ans ; — t. 1,59 ; — p. 465 ; — t. p. 1,85 ; — l. p. 0,40 ; — L. 1,595 ; — t. c. 0,21 ; — d. 0,85

Fig. 38 — *Pékin* (Cuperly). — Modèle très défectueux. — Dép. Cuperly
9 ans ; — t. 1,59 ; — p. 470 ; — t. p. 1,80 ; — l. p. 0,385 ; — L. 1,63 ; — t. c. 0,21 ; — d. 0,87
Or. *Jacquart* et jument de trait

Deuxième période. — Marches-manœuvres.

Huitième, neuvième, dixième, onzième jours : marches-manœuvres ;

Douzième jour : repos ;

Treizième, quatorzième, quinzième, seizième jours : marches-manœuvres ;

Bivouacs : dixième et quinzième jours. Le quinzième jour, départ de nuit ;

Le seizième jour, rentrée dans la garnison.

Pendant cette période, la batterie sera considérée chaque jour comme faisant partie d'une colonne de toutes armes. Le travail de chaque jour imposé à la batterie, se rapprochera le plus possible du suivant :

1° Environ 10 km de pas à la vitesse de 4,500 km à l'heure (halte horaire comprise) (artillerie encadrée dans une colonne d'infanterie) ;

2° Marche au trot d'environ 9 km, coupée par 1 km de pas, au maximum (en un ou plusieurs temps, suivant le terrain) ; l'artillerie est appelée à doubler l'infanterie pour entrer en action ;

3° La reconnaissance de la position étant supposée faite, occupation rapide de l'emplacement reconnu (on choisira, autant que possible, des positions obligeant la batterie à se mouvoir en terrain lourd et accidenté) ;

4° Mise en batterie suivie d'un long repos sur place (une heure au minimum) ;

5° Changement de position suivi d'un long repos (une heure au minimum) ;

6° Se rendre à un cantonnement ou au bivouac à 6 km environ de la dernière position, les *caissons rentrant attelés à 4.*

Le colonel commandant le régiment auquel appartient la batterie chargée des expériences préparera, en s'inspirant des indications ci-dessous, le programme détaillé de chaque journée ; ce programme sera adressé le plus

Fig. 39 — *Drame* (Faverney). — Mauvais modèle de trait. — Dép. Faverney
6 ans ; — t. 1,59 ; — p. 498 ; — t. p. 1,92 ; — l. p. 0,41 ; — L. 1,61 ; — t. c. 0, 215 ; d. 0,84
Or. trait et trait

Fig. 40 — *Rébe* (Mâcon). — Mauvais modèle de trait. — Dép. Mâcon
10 ans ; — t. 1,61 ; — p. 476 ; — t. p. 1,88 ; — l. p. 0,40 ; — L. 1,58 ; — t. c. 0,21 ; — d. 0,90
Or. *Monsieur Louis* p. s. et jument de trait

tôt possible à la 3ᵉ Direction, 1ᵉʳ bureau, pour être soumis au général président de la commission.

La batterie cantonnera chaque jour, à l'exception des troisième, cinquième, dixième et quinzième jours. Les bivouacs pourront être établis dans le voisinage des localités où tout le personnel qui ne sera pas employé à la surveillance des chevaux et du matériel, pourra cantonner (les chevaux non soumis aux expériences pourront également cantonner).

Dans les bivouacs, le harnachement ne pourra être abrité qu'avec des moyens de fortune.

Pour l'*établissement de l'itinéraire* à suivre et des opérations de la batterie, le colonel pourra prévoir l'utilisation des *camps d'instruction et des terrains de manœuvre à proximité des garnisons*, sous la réserve expresse d'obtenir au préalable l'autorisation des autorités compétentes.

Tenue, harnachement et matériel

Tout le personnel sera en tenue de campagne [1].

Le tableau B donne la constitution des batteries en attelages soumis aux expériences, avec le matériel que ces attelages doivent atteler.

Les ordres au sujet du harnachement à employer pour ces expériences seront donnés sous le timbre de la 3ᵉ Direction, 2ᵉ bureau.

Le matériel aura le chargement complet de guerre (munitions, outils, paquetages, avoine); les vivres qui doivent être placés dans les coffres des voitures seront remplacés par des objets de poids équivalent.

---

[1] Les paquetages seront faits conformément à l'instruction sur la tenue et le paquetage, du 21 août 1901. On n'emploiera pas le paquetage provisoire prévu par la note du 15 mai 1909, l'emploi de ce paquetage nécessitant des modifications au harnachement, qui pourraient n'être pas faites en temps utile.

Fig. 41 — *Cra_ule* (Caen). — Mauvais modèle de trait. — Dép. Caen
7 ans ; — t. 1,64 ; — p. 496 ; — t. p. 1,85 ; — l. p. 0,38 ; — L. 1,61 ; — t. c. 0,20 ; — d. 0,88
Or. *Étendard* 1/2 s. *Janina* 1/2 s.

Fig. 42 — *Bapette* (Caen). — Mauvais modèle de trait. — Dép. Caen
15 ans ; — t. 1,62 ; — p. 452 ; — t. p. 1,75 ; — l. p. 0,39 ; — L. 1,63 ; — t. c. 0,21 ; — d. 0,90
Or. *Censeur* 1/2 s.

Nourriture des chevaux

Pendant toute la durée des expériences, il sera fait usage du tarif A du 12 octobre 1887 (*ration de guerre*).

Organisation des batteries

Chaque batterie devra être constituée trois jours avant le commencement des expériences, afin de permettre au capitaine commandant de procéder à la répartition des chevaux entre les pièces et à l'ajustage du harnachement. La veille du jour du départ, la batterie sera présentée attelée à la commission chargée de suivre les expériences.

La batterie comprendra comme cadres :
1 capitaine, 2 lieutenants, 1 médecin, 1 vétérinaire, 1 adjudant, 1 maréchal des logis chef, 1 maréchal des logis fourrier, 1 sous-chef mécanicien, 1 brigadier fourrier, 1 brigadier maréchal, 2 aides-maréchaux non montés, 2 trompettes, 1 gradé (maréchal des logis ou brigadier) par voiture participant aux expériences, qui devra être monté, autant que possible, avec un cheval de même provenance que les chevaux de la voiture.

Chaque voiture participant aux expériences aura sur les coffres trois servants ou conducteurs non montés.

La batterie emmènera en plus le personnel et les voitures nécessaires pour assurer les détails du service; les chevaux affectés à ce personnel et à ces voitures ne participeront en aucune façon aux expériences et seront choisis d'une façon quelconque dans le régiment.

Répartition et désignation des chevaux d'attelage soumis aux expériences

Les chevaux seront répartis de façon à constituer *par voiture* des lots de même provenance et aussi homogènes

Fig. 43 — *Défi* (Saint-Jean-B). — Bon modèle de trait. — Dép. Saint-Jean-d'Angély
6 ans ; — t. 1,58 ; — p. 500 ; — t. p. 1,90 ; — l. p. 0,415 ; — L. 1,655 ; — t. c. 0,21 ; — d. 0,84
Or. 1/2 s.

Fig. 44 — *Annecy* (Angers B). — Bon modèle de trait. — Dép. Angers
13 ans ; — t. 1,61 ; — p. 495 ; — t. p. 1,91 ; — l. p. 0,38 ; — L. 1,585 ; — t. c. 0,21 ; — d. 0,83

que possible (taille et modèle). Les chevaux, en nombre égal à celui fixé par le tableau B, seront désignés dans chaque régiment ou fraction de régiment *par voie de tirage au sort*, sur l'ensemble de tous les animaux (disponibles et non boiteux) de chaque catégorie. Ce tirage au sort sera fait sous la responsabilité du chef de corps.

Dans le cas où il ne serait pas possible de trouver pour certains départements le nombre de chevaux remplissant les conditions de taille et d'âge indiquées par le tableau B, on désignera des animaux, par voie de tirage au sort, parmi ceux qui se rapprochent le plus du type demandé.

Les raisons qui ont influé sur la répartition des chevaux sont les suivantes :

1º Soumettre aux épreuves un nombre de chevaux des différentes régions d'élevage sensiblement proportionnel au nombre d'attelages fournis annuellement par ces différentes régions pour la remonte des batteries montées;

2º Étudier l'influence de la taille sur l'aptitude des animaux à la traction du matériel de 75 et la résistance au service de guerre avec la ration normale de campagne.

Renseignements à fournir

Un contrôle de tous les chevaux de la batterie, conforme au modèle A ci-joint, devra être établi par les soins du corps avant l'arrivée de la commission.

Les renseignements relatifs au poids, tour de poitrine, longueur du cheval de la pointe de l'épaule à la pointe de la fesse, tour des membres antérieurs, seront établis en présence de la délégation de la commission qui doit arriver dans chaque centre deux jours avant le commencement des expériences.

Fig. 45 — *Acquéreur* (Angers). — Assez bon modèle de trait. — Dép. Angers
15 ans ; — t. 1,60 ; — p. 457 ; — l. p. 1,91 ; — l. p. 0,38 ; — L. 1,545 ; — t. c. 0,21 ; — d. 0,85
Or. 1/2 s.

Fig. 46 — *Donjon* (Saint-Jean M). — Modèle inapte au trait. — Dép. Saint-Jean
6 ans ; — t. 1,60 ; — p. 466 ; — t. p. 1,82 ; — l. p. 0,38 ; — L. 1,655 ; — t. c. 0,22 ; — d. 0,85
Or. X... et jument 1/2 s.

Opérations de la Commission

1° La commission complète se réunira dans chaque garnison la veille du commencement des épreuves et le jour qui suivra la rentrée dans la garnison; elle examinera tous les chevaux et vérifiera les renseignements portés sur l'état modèle A. La commission mentionnera dans un rapport détaillé toutes les observations qu'elle aura faites;

2° Une délégation de la commission (dont M. le vétérinaire-major Junot) se rendra dans chaque garnison deux jours avant le commencement des épreuves; elle aura pour mission de procéder à un premier examen des chevaux et aux opérations de mensuration dont il est parlé plus haut. Le plus ancien des officiers de cette délégation s'entendra, à cet effet, directement avec le colonel commandant le régiment dont fait partie la batterie d'expériences;

3° Les expériences seront suivies par une délégation de la commission.

Le programme des expériences sera définitivement arrêté la veille du départ par le général président de la commission. Le capitaine commandant la batterie chargée d'exécuter ce programme devra déférer aux instructions qui lui seront données, soit par le président de la commission, soit par les officiers chargés d'accompagner la batterie pendant les épreuves.

Pesées

Les pesées à effectuer avant le départ auront lieu à 6 heures du matin, l'avant-veille du départ, en présence d'une délégation de la commission, comme il est dit ci-dessus.

Les chevaux seront à jeun et ne devront pas être allés à l'abreuvoir.

Fig. 47 — *Vin Sec* (Fontenay M). — Modèle inapte au trait. — Dép. Fontenay
7 ans ; — t. 1,65 ; — p. 460 ; — t. p. 1,81 ; — l. p. 0,35 ; — L. 1,615 ; — t. c. 0,20 ; — d. 0,89
Or. 1/2 s.

Fig. 48 — *Argent* (Fontenay). — Modèle peu apte au trait. — Dép. Fontenay
14 ans ; — t. 1,685 ; — p. 535 ; — t. p. 1,88 ; — l. p. 0,39 ; — L. 1,63 ; — t. c. 0,22 ; — d. 0,92

Modèle A

ANNEXE II

Contrôle des chevaux de la   e batterie du   e régiment d'artillerie ayant participé du   au   1909
aux expériences prescrites par décision ministérielle du 12 mai 1909

NOM du cheval	Caban
SIGNALEMENT	bai brun
SEXE	H
AGE	8
TAILLE	1,56
POIDS AVANT L'EXPÉRIENCE	510 kg
ORIGINE — Sang	Normand père = mère = 1/2 sang
PROVENANCE — Département d'achat	
Département où le cheval est né (¹)	
PRIX D'ACHAT Date d'achat	1000f 17 janvier 1902
TOUR DE POITRINE mesuré un peu en arrière du garrot	
TOUR DU MEMBRE ANTÉRIEUR pris à 10 cm au-dessous de l'os crochu	20
LONGUEUR DE LA POINTE DE L'ÉPAULE à la pointe de la fesse	
DISTANCE DU SOL au passage des sangles	
LARGEUR DU POITRAIL mesuré entre les deux pointes d'épaule	
DÉPÔT DE REMONTE LIVRANCIER	St-L.5
ÉTAT GÉNÉRAL	
POIDS À LA FIN DES EXPÉRIENCES	504
INDISPONIBILITÉ pendant les expériences. Causes et durée	Coup de pied au bivouac, 5 jours
BLESSURES CAUSÉES par le harnachement	Blessé au garrot
ÉTAT GÉNÉRAL	
OBSERVATIONS de la Commission	

(¹) Si le livret permet d'avoir les renseignements.

Fig. 49 — Photographie faisant nettement ressortir un des inconvénients de la grande taille de certains chevaux (angle des traits)

TABLEAU B

3e Régiment d'artillerie à Castres

Répartition, entre les régiments et par catégorie, des chevaux d'attelage devant prendre part aux expériences

BATTERIE chargée de l'expérience	DÉPÔT acheteur	DÉPARTEMENT d'origine des chevaux	AGE DES CHEVAUX		TAILLE approximative devant fournir les chevaux	RÉGIMENT à atteler	VOITURES	OBSERVATIONS
			6 à 10 ans	au-dessus de 10 ans				
1re batterie du 3e à Castres.	Fontenay	Vendée	12	8	1m59 et au-dessus	18e régiment	1 canon, 2 caissons, 1 attelage H.L.P.	
	Fontenay	Vendée	12	8	1m58 et au-dessous	18e régiment	id.	
	Fontenay	Deux-Sèvres	12	2	quelconque	18e régiment	2 caissons, 1 attelage H.L.P.	
	Saint-Jean	Charente-Inf. et Charente.	20 âge quelconque.		1m59 et au-dessus	3e régiment à Castres	1 canon, 2 caissons, 1 attelage H.L.P.	
Capitaine Quirin.	Saint-Jean	Charente-Inf. et Charente.	14 âge quelconque.		1m58 et au-dessous	id.	2 caissons, 1 attelage H.L.P.	
	Angers	Loire-Inférieure / Maine-et-Loire / Indre-et-Loire	34 âge quelconque.		quelconque	id.	1 canon, 4 caissons, 2 attelages H.L.P.	

Total : 122 chevaux d'attelage attelant : 4 canons, 14 caissons ; 7 attelages haut le pied.

10e Régiment d'artillerie à Rennes

TABLEAU B

Répartition, entre les régiments et par catégorie, des chevaux d'attelage devant prendre part aux expériences

BATTERIE chargée de l'expérience	DÉPÔT acheteur	DÉPARTEMENT d'origine des chevaux	ÂGE DES CHEVAUX 6 à 10 ans	au-dessus de 10 ans	TAILLE approximative	RÉGIMENT devant fournir les chevaux	VOITURES à atteler	OBSERVATIONS
10e batterie du 10e à Rennes Capitaine Charpy	Guingamp	Finistère	4	2	plus grand que 1m59	7e Rennes	1 caisson.	
	Guingamp	Finistère	8	6	1m55 et au-dessous	7e Rennes	1 canon, 1 caisson, 1 attelage H.L.P.	
	Saint-Lô	Manche	12	8	1m59 et au-dessus	7e Rennes	1 canon, 2 caissons, 1 attelage H.L.P.	
	Guingamp	Finistère	12	8	1m58 et au-dessous	10e Rennes	id.	
	Saint-Lô	Manche	12	8	1m58 et au-dessous	10e Rennes	id.	
	Guingamp	Côtes-du-Nord	6	8	quelconque	7e Rennes	2 caissons, 1 attelage H.L.P.	
	Guingamp	Ille-et-Vilaine	6	8	quelconque	10e Rennes	id.	

Total : 108 chevaux d'attelage attelant : 4 canons ; 12 caissons ; 6 attelages haut le pied.

ANNEXE III

Tableau B

36e Régiment d'artillerie à Clermont-Ferrand

Répartition, entre les régiments et par catégorie, des chevaux d'attelage devant prendre part aux expériences

BATTERIE chargée de l'expérience	DÉPÔT acheteur	DÉPARTEMENT d'origine des chevaux	ÂGE DES CHEVAUX 6 à 10 ans	au-dessus de 10 ans	TAILLE approximative	RÉGIMENT devant fournir les chevaux	VOITURES à atteler	OBSERVATIONS
2e batterie du 36e à Clermont.	Guingamp	Finistère	12	8	1m58 et au-dessous	36e à Clermont	1 canon, 2 caissons, 1 attelage HLP.	
	Mâcon	Saône-et-Loire	20	"	quelconque	16e à Clermont	id.	
	Caen	Calvados	8	12	1m50 et au-dessus	16e à Clermont	id.	
à Clermont.	Caen	Calvados	12	8	1m58 et au-dessous	36e à Clermont	id.	
Capitaine Ollivier.	Aurillac	Loire	12 âge et taille quelconques.			16e à Clermont	2 caissons.	
	Mâcon	Allier	6 âge et taille quelconques.			16e à Clermont	1 caisson.	
	Mâcon	Nièvre	8 âge et taille quelconques.			16e à Clermont	1 caisson, 1 attelage HLP.	

Total : 106 chevaux d'attelage attelant : 4 canons, 12 caissons; 5 attelages haut le pied.

ANNEXE III

8e Régiment d'artillerie à Nancy

TABLEAU B

Répartition, entre les régiments et par catégorie, des chevaux d'attelage devant prendre part aux expériences

BATTERIE chargée de l'expérience	DÉPÔT acheteur	DÉPARTEMENT d'origine des chevaux	ÂGE DES CHEVAUX 6 à 10 ans	au dessus de 10 ans	TAILLE approximative	RÉGIMENT devant fournir les chevaux	VOITURES à atteler	OBSERVATIONS
8e batterie du 8e à Nancy.	Caen	Calvados	12	8	1m59 et au dessus	8e à Nancy	1 canon, 2 caissons 1 attelage HLP.	
	Caen	Calvados	12	8	1m58 et au dessous	3e à Toul	id.	
	Saint-Lô	Manche	6	8	1m59 et au dessus	3e à Toul	2 caissons, 1 attelage HLP	On prendra tous les chevaux de race ardennaise, quelle que soit leur taille. Les matricules du dépôt acheteur de ces animaux seront envoyés aux différents corps ayant à les fournir.
	Faverney	Chevaux de race ardennaise (20 chevaux).					1 canon, 2 caissons 1 attelage HLP	
Capitaine Neveux.	Mâcon	Saône-et-Loire	6	8	quelconque	8e à Nancy	2 caissons 1 attelage HLP	
	Alençon	Orne	12	8	1m58 et au dessous	3e à Neuf-château	1 canon, 2 caissons 1 attelage HLP.	
	Alençon	Mayenne	3	8	quelconque	id.	1 caisson	
	Cuperly	Meurthe-et-Moselle	6	8	quelconque	8e à Nancy	2 caissons, 1 attelage HLP	
	Cuperly	Vosges	3	3	id.	id.	1 caisson	

Total : 184 chevaux d'attelage attelant : 4 canons. 16 caissons. 7 attelages haut le pied.

ANNEXE IV — RÉCAPITULATION DES TABLEAUX A

Castres — Chevaux au-dessus de 1m 60 (Grands)

NUMÉRO D'ORDRE	NOM du cheval	AGE	TAILLE	ORIGINE	PROVENANCE	POIDS avant le départ	POIDS à l'arrivée	PERTE DE POIDS	PRIX D'ACHAT	TOUR DE POITRINE	TOUR DE VENTRE	LONGUEUR DU CHEVAL	DISTANCE DU SOL au passage des sangles	LARGEUR DE POITRAIL	DÉPÔT DE REMONTE acheteur	ÉTAT GÉNÉRAL avant le départ	ÉTAT GÉNÉRAL à l'arrivée	BLESSURES et fatigues
			m			kg	kg	kg	fr	m			m					
1	Argent	15	1,685	»	Vendée	533	488	45	975	1,82	22	1,63	92	39	Fontenay	Très bas d'état	Très bas d'état	Se coupe, fatigué.
2	Abord	17	1,68	»	Loire-Inf.	560	520	40	900	1,90	23	2,685	87	39	Angers	Très bon état	Bon état	Fatigué.
3	Tambour	12	1,66	Mère 1/2 s.	Vendée	510	491	19	1000	2,85	22	1,65	87	43	Id.	Assez bon état	Bas d'état	Fatigué.
4	Boyard	8	»	Père 1/2 s.	Charente-Inf.	470	444	26	1025	1,81	21,5	1,09	89	39,5	Saint-Jean	Bas d'état	Id.	
5	Vit-Sec	»	»	P. et M. 1/2 s.	Vendée	460	482	28	1050	1,81	29	1,685	89	43	Fontenay	Maigre	Très maigre	
6	Cursou	7	1,65	P. et M. 1/2 s.	Id.	495	465	30	1050	1,92	21,5	1,66	88	40	Id.	Bas d'état	Maigre	Aplomb défectueux.
7	Tabac	12	»	Mère 1/2 s.	Maine-et-Loire	500	465	35	980	1,84	21	1,705	89	37,5	Angers	Bas d'état	Bas d'état	Fatigué.
8	Cromwel	7	»	»	Id.	502	421	81	1225	1,85	21	1,615	91	35	Saint-Jean	Bon état	Bon état	Se touche.
9	Docteur III	6	1,665	P. et M. 1/2 s.	Vendée	502	468	34	1005	1,85	21,5	1,625	90	42	Fontenay	Bas d'état	Bas d'état	Se coupe, 4 boulets.
10	Rosa II	9	»	P. et M. 1/2 s.	Charente-Inf.	490	450	40	1000	1,74	21,5	1,528	88	35,5	Saint-Jean	Assez bon état	Id.	Fatigué.
11	L'étte	11	»	»	Maine-et-Loire	500	490	10	960	1,89	21	1,625	88	41	Angers	Bon état	Bon état	Se coupe, 4 boulets.
12	Cornalin	11	1,64	»	Vendée	533	500	33	1100	1,89	21	1,665	86	86,5	Fontenay	Bas d'état	Bas d'état	Blessé croupe et passage des sangles.
13	Ugolin	11	»	P. et M. 1/2 s.	Id.	475	449	26	975	1,85	21	1,615	88	84	Id.	Id.	Maigre	Blessé au garrot, très fatigué.
14	Consonne	9	»	»	Id.	465	435	30	950	1,79	21	1,595	87	37	Id.	Assez bon état	Bas d'état	Fatigué, se coupe.
15	Beaulis	6	»	Mère 1/2 s.	Charente-Inf.	475	443	34	1000	1,82	20	1,66	89	37	Id.	Bon état	Bon état	»
16	Boulet	8	»	»	Id.	488	456	32	1000	1,85	22	1,665	87	35,5	Saint-Jean	Id.	Bas d'état	Ancienne blessure au garrot.
17	Affluent	11	»	»	Id.	510	495	15	1025	1,98	22,5	1,505	91	40	Id.	Très bon état	Très bon état	Très fatigué.
18	Rafale	14	»	»	Maine-et-Loire	520	475	45	980	1,92	21	1,635	86	37,5	Angers	Id.	Id.	Fatigué.
19	Bicletto II	11	»	»	Indre-et-Loire	524	485	39	1000	1,87	20,5	1,665	87	42	Id.	Id.	Id.	»
20	Sapho	12	»	»	Maine-et-Loire	500	500	-0	1000	1,87	20,5	1,67	87	39,5	Id.	Bon état	Assez bon état	Se touche.
21	Canard	13	»	»	Id.	561	521	41	980	1,85	22,5	1,73	91	40,5	Id.	Id.	Id.	Se coupe.
22	Abat-Jour	7	»	»	Charente-Inf.	500	449	81	1000	1,90	21	1,585	91	38	Id.	Id.	Id.	»
23	Marquise	7	»	»	Id.	500	471	29	1000	1,88	21	1,055	86	36	Saint-Jean	Très bon état	Très bon état	»
24	Abandonnée	8	1,635	P. et M. 1/2 s.	Vendée	485	460	25	1050	1,89	21	1,665	88	89,5	Id.	Très bon état	Très bon état	»
25	Cabel	7	»	P. et M. 1/2 s.	Charente-Inf.	495	455	30	925	1,88	21	1,565	85	37,5	Id.	Bon état	Bon état	»
26	Charmant	18	1,63	»	Vendée	595	556	39	1000	1,89	21,5	1,685	90	37	Fontenay	Id.	Id.	»
27	Paquerette	6	»	»	Id.	500	470	80	950	1,89	21,5	1,685	85	84,5	Id.	Bas d'état	Maigre	Fatigué.
28	Costume	7	»	Père 1/2 s.	Vendée	483	433	20	1000	1,79	20,5	1,565	86	85,5	Fontenay	Assez bon état	Bas d'état	»
29	Fanie	8	»	Id.	472	445	27	900	1,79	21	1,61	88	33	Id.	Id.	Id.	Fatigué, se coupe.
30	Coquelicot	8	»	»	Id.	445	410	35	1000	1,82	20,5	1,57	86	35,5	Id.	Id.	Assez bon état	»
31	Aspect	9	1,635	Père 1/2 s.	Manche	500	470	21	1000	1,87	22	1,575	89	38,5	Saint-Jean	Bon état	Bon état	Fatigué.
32	Salonique	8	»	Mère 1/2 s.	Maine-et-Loire	495	450	39	1025	1,81	21	1,655	88	39	Angers	Id.	Assez bon état	Fatigué.
33	Sultan II	8	»	Père 1/2 s.	Charente-Inf.	482	459	28	1050	1,84	21	1,58	87	37	Saint-Jean	Id.	Id.	»
34	Bien-Aimé I	8	»	»	Charente	480	466	14	1000	1,885	21,5	1,605	85	37	Id.	Très bon état	Très bon état	Se touche.
35	Lyda	8	1,625	P. et M. 1/2 s.	Vendée	520	470	50	1200	1,97	21	1,61	87	39	Fontenay	Id.	Bon état	»
36	Titus	7	»	»	Maine-et-Loire	478	458	17	1000	1,83	21	1,625	85	38	»	Id.	Id.	»
37	Bomba	8	»	P. et M. 1/2 s.	Charente-Inf.	508	501	4	1000	1,89	21	1,60	88	43,5	Saint-Jean	Bon état	Bon état	»
38	Numéro	11	»	Mère 1/2 s.	Maine-et-Loire	507	485	22	990	1,87	21	1,665	88	38	Angers	Très bon état	Très bon état	»
39	Carpe	7	»	»	Charente-Inf.	470	431	38	940	1,81	20,5	1,60	88	38	Saint-Jean	Id.	Id.	»
40	Marquise	7	1,62	P. et M. 1/2 s.	Vendée	480	538	44	950	1,78	20,5	1,605	87	41,5	Fontenay	Très bas d'état	Très maigre	Blessé au garrot.
41	Accusatif	10	»	»	Deux-Sèvres	460	444	16	1125	1,77	20,5	1,63	89	38	Id.	Bon état	Assez bon état	»
42	Anonymat	16	»	»	Id.	470	441	29	900	1,81	21	1,58	86	38	Id.	Id.	Id.	»
43	Ajonc	16	»	Vendée	484	412	22	900	1,74	21	1,615	89	37	Id.	Assez bon état	Bas d'état	Blessé côtes, fatigué.
44	Continent	16	»	Id.	478	438	38	900	1,81	21	1,645	87	38,5	Id.	Id.	Id.	Fatigué, se coupe.
45	Ally	8	»	P. p. s., M. 1/2 s.	Charente-Inf.	460	393	27	925	1,77	21	1,585	80	84,5	Saint-Jean	Bas d'état	Id.	»
46	Blondinette	10	»	»	Loire-Inf.	475	405	70	960	1,82	21	1,545	80	37	Angers	Id.	Très maigre	»
47	Mérinos	10	»	»	Maine-et-Loire	528	485	48	1050	1,91	21	1,655	89	38	Id.	Très bon état	Très bon état	»
48	Uvette	11	»	»	Loire-Inf.	544	495	49	1000	1,92	21,5	1,665	89	40,5	Id.	Bon état	Id.	Se coupe.
49	Cambronne	8	1,625	P. et M. 1/2 s.	Charente-Inf.	465	441	21	1025	1,81	21,5	1,565	88	39	Saint-Jean	Assez bon état	Bas d'état	»
50	Bissac	9	»	»	Id.	450	439	11	1000	1,86	21	1,586	85	37	Id.	Id.	Id.	Se coupe.
51	Désiré	6	1,61	Mère 1/2 s.	Vendée	455	410	45	1000	1,81	21	1,61	88	86,5	Fontenay	Id.	Bas d'état	Se coupe.
52	Aurore	9	»	Id.	450	427	20	900	1,84	21	1,015	87	36,5	Id.	Id.	Id.	»
53	Averse	6	»	Id.	525	488	37	958	1,90	21,5	1,685	90	37	Id.	Id.	Id.	Fatigué.
54	Dominant	6	»	P.-p. s., M. 1/2 s.	Vendée	465	440	25	975	1,86	21	1,66	87	36	Id.	Id.	Id.	»
55	Ancrage	16	»	»	Id.	455	427	28	850	1,84	21	1,61	87	85	Id.	Assez bon état	Assez bon état	Vessigon.
56	Antoniste	15	»	»	Id.	490	450	40	950	1,91	21,5	1,655	86	35	Id.	Très bon état	Bon état	Fatigué, se coupe.
57	Fierté	6	»	»	Id.	513	476	37	1025	1,84	21	1,65	85	80,5	Id.	Très bon état	Bas d'état	Blessé côtes, fatigué.
58	Allusion	6	»	»	Id.	495	466	19	900	1,85	21	1,685	85	39	Id.	Bon état	Bon état	»
59	Dinette	6	»	P. et M. 1/2 s.	Id.	428	399	29	1050	1,80	19,5	1,555	86	33	Id.	Id.	Id.	»
60	Banquier	9	»	»	Loire-Inf.	475	448	27	1050	1,85	21	1,59	86	37	Saint-Jean	Assez bon état	Assez bon état	Lymphagite chronique.
61	Abondance	11	»	Mère 1/2 s.	Maine-et-Loire	510	512	(+)2	1020	1,92	21	1,725	87	38	Angers	Très bon état	Très bon état	Se coupe.
62	Antoinette	7	»	Mère 1/2 s.	Charente	475	450	20	975	1,81	20,5	1,60	83	84,5	Saint-Jean	Assez bon état	Bas d'état	Fatigué.
63	Disette	6	»	P. et M. 1/2 s.	Id.	417	406	11	975	1,70	20	1,555	88	84,5	Id.	Bon état	Id.	Se coupe.
64	Dîme	9	»	Charente-Inf.	505	465	40	1050	1,82	21	1,05	88	34,5	Id.	Id.	Id.	»
65	Urne	11	»	»	Maine-et-Loire	503	475	28	1100	1,87	21,5	1,61	87	40,5	Angers	Très bon état	Très bon état	»
66	Charlot	14	»	Mère 1/2 s.	Loire-Inf.	454	410	44	960	1,80	20	1,545	86	37	Id.	Bas d'état	Très maigre	»
67	Ablme	7	»	»	Maine-et-Loire	488	458	27	1010	1,86	22	1,06	93	37	Id.	Assez bon état	Assez bon état	Blessé dessus cou, fatigué.
68	Annecy	13	»	»	Id.	495	458	37	950	1,91	21	1,585	83	38	Id.	Très bon état	Bon état	»
69	Vantard	12	»	»	Id.	525	481	34	1050	1,90	22	1,635	89	38	Id.	Id.	Id.	»
70	Ulbach	10	»	Père 1/2 s.	Charente-Inf.	440	420	20	975	1,87	21	1,635	81	38	Saint-Jean	Maigre	Maigre	Blessé au garrot.
71	Contradiction	7	1,665	Père p. s.	Deux-Sèvres	500	469	51	950	1,91	21,5	1,60	98	37	Fontenay	Bon état	Bon état	»

Castres — Chevaux de 1m 60 et au-dessous (Petits)

NUMÉRO D'ORDRE	NOM du cheval	AGE	TAILLE (m)	ORIGINE	PROVENANCE	POIDS avant le départ (kg)	POIDS À L'ARRIVÉE (kg)	PERTE DE POIDS (kg)	PRIX D'ACHAT (fr)	TOUR DE POITRINE (m)	TOUR DU TRONC	LONGUEUR DU CHEVAL (m)	DISTANCE DU SOL au passage des sangles (cm)	LARGEUR DU POITRAIL (cm)	DÉPÔT de remonte acheteur	ÉTAT GÉNÉRAL avant le départ	ÉTAT GÉNÉRAL à l'arrivée	BLESSURES et fatigues
1	Hirondelle III	11	1,60	P. et M. 1/2 s.	Charente-Inf.	468	440	28	1000	1,86	20,5	1,585	85	36	Saint-Jean	Bas d'état	Maigre	»
2	Cocotte II	7	1,60	Id.	Vendée	495	468	27	1025	1,85	22	1,555	86	38,5	Fontenay	Assez bon état	Assez bon état	Blessé garrot, fatigué.
3	Russy	6	1,60	Mère 1/2 sang	Id.	480	441	39	1050	1,84	20	1,55	85	37	Id.	Très bon état	Bon état	»
4	Dampierre	6	1,60	P. et M. 1/2 s.	Id.	453	433	20	1050	1,82	20	1,535	86	39	Id.	Bas d'état	Maigre	Fatigué.
5	Élégante	6	1,60	Mère 1/2 sang	Loire-Inf.	450	428	22	1025	1,79	20	1,565	86	35,5	Id.	Assez bon état	Assez bon état	»
6	Consigne	9	1,60	Id.	Vendée	510	471	39	975	1,82	21	1,615	85	40,5	Id.	Bon état	Bon état	Fatigué.
7	Contrebande	10	1,60	Id.	Deux-Sèvres	475	443	32	900	1,78	21	1,585	84	40	Id.	Id.	Assez bon état	Fatigué.
8	Carnet	7	1,60	P. et M. 1/2 s.	Vendée	459	440	19	1000	1,82	21	1,56	85	36	Saint-Jean	Assez bon état	Id.	Fatigué.
9	Oranger	13	1,60	M? roi / 2s sang	Loire-Inf.	435	410	25	950	1,81	20,5	1,565	87	37	Angers	Bon état	Bon état	Fatigué.
10	Donjon	6	1,60	Id.	Charente-Inf.	466	420	46	1000	1,82	21	1,585	85	38	Saint-Jean	Maigre	Très maigre	»
11	Acquéreur	15	1,60	Id.	Id.	457	433	24	900	1,85	21	1,545	85	39	Angers	Très bon état	Bon état	Fatigué.
12	Brillant	9	1,60	P. et M. 1/2 s.	Id.	425	388	37	1225	1,81	21	1,545	86	37	Saint-Jean	Bas d'état	Bas d'état	»
13	Rosalie	11	1,60	Mère 1/2 sang	Loire-Inf.	495	489	06	1000	1,90	21	1,66	87	40	Angers	Assez bon état	Assez bon état	Fatigué.
14	Valensole	10	1,595	Id.	Maine-et-Loire	465	432	31	1000	1,78	20,5	1,62	85	35,5	Id.	Id.	Bas d'état	Se touche.
15	Contexte	11	1,595	Id.	Vendée	490	485	35	950	1,86	21	1,65	86	39	Fontenay	Id.	Id.	»
16	Céline	6	1,59	P. et M. 1/2 s.	Id.	450	418	32	950	1,79	20,5	1,575	87	37,5	Id.	Bas d'état	Maigre	Fatigué, jarde.
17	Séductrice	13	1,59	Id.	Id.	490	423	67	950	1,88	22	1,78	85	34	Id.	Id.	Id.	Blessé croupe, très fatigué.
18	Ballerine	13	1,59	Id.	Id.	487	458	29	900	1,80	20,5	1,645	85	36	Id.	Assez bon état	Assez bon état	Blessé dessus cou, se coupé.
19	Alice	9	1,59	»	Deux-Sèvres	510	480	30	900	1,83	21,5	1,61	85	37,5	Fontenay	Bas d'état	Très bas d'état	Se coupé, fatigué.
20	Babillard	8	1,59	P. et M. 1/2 s.	Charente-Inf.	481	447	34	900	1,85	21	1,54	86	37	Saint-Jean	Bon état	Bon état	»
21	Armée	13	1,59	»	Loire-Inf.	513	472	41	960	1,92	21	1,64	86	39	Angers	Id.	Assez bon état	»
22	Voltige	13	1,59	»	Maine-et-Loire	532	491	41	1000	1,91	21	1,615	83	39	Id.	Très bon état	Bon état	Fatigué.
23	Dauphine	6	1,59	Mère 1/2 sang	Charente-Inf.	480	439	41	1075	1,87	21	1,60	84	35,5	Saint-Jean	Maigre	Maigre	Se touche.
24	Candeur	7	1,58	Père 1/2 sang	Vendée	458	425	33	1025	1,77	20	1,615	86	37	Fontenay	Bon état	Bon état	Se touche.
25	Châtelet	13	1,58	»	Id.	415	385	30	900	1,73	20	1,555	87	37	Id.	Id.	Id.	»
26	Capricieuse	7	1,58	P. et M. 1/2 s.	Id.	442	415	27	1000	1,80	20,5	1,565	83	36,5	Id.	Id.	Id.	»
27	Dorothée	6	1,58	»	Id.	434	401	33	950	1,80	21	1,545	84	35,5	Id.	Assez bon état	Bas d'état	»
28	Aveuglette	9	1,58	P. p. s. s., M. 1/2s.	Charente-Inf.	490	464	26	900	1,90	20	1,513	80	38	Saint-Jean	Bon état	Assez bon état	»
29	Crosse	7	1,58	»	Id.	476	446	31	950	1,79	20,5	1,625	85	40,5	Id.	Id.	Id.	»
30	Jabot	15	1,58	»	Id.	449	410	39	975	1,82	20	1,61	84	37,5	Id.	Id.	Id.	»
31	Gamin	9	1,58	P. p. s., M. 1/2s.	Id.	500	475	25	940	1,99	20,5	1,635	84	41	Id.	Id.	Id.	»
32	Uranium	11	1,58	»	Loire-Inf.	475	435	40	1000	1,86	21	1,585	85	38,5	Angers	Très bon état	Bas d'état	Se coupe.
33	Défi	6	1,58	P. et M. 1/2 s.	Charente-Inf.	500	458	42	975	1,90	21	1,655	81	41,5	Saint-Jean	Bon état	Bon état	»
34	Constance	10	1,575	»	Vendée	416	397	19	1000	1,80	19,5	1,585	81	33,5	Fontenay	Bon état	Bon état	»
35	Construction	9	1,57	»	Id.	455	420	35	950	1,79	19,5	1,54	85	33	Id.	Assez bon état	Bas d'état	Blessé dessus cou.
36	Diapason	7	1,575	»	Id.	470	455	15	900	1,83	20,5	1,565	82	33,5	Id.	Bon état	Bon état	»
37	Cardinal	7	1,57	P. et M. 1/2 s.	Charente-Inf.	630	435	15	975	1,73	20	1,58	82	36	Saint-Jean	Id.	Id.	»
38	Cabot	7	1,57	Id.	Id.	371	357	14	950	1,82	20	1,495	85	34	Id.	Bas d'état	Maigre	»
39	Niniche	11	1,57	Père 1/2 s.	Charente	437	418	19	950	1,74	20	1,63	85	37	Id.	Assez bon état	Assez bon état	»
40	Capucine	6	1,57	P. et M. 1/2 s.	Charente-Inf.	387	380	7	950	1,79	20	1,51	83	38	Id.	Bas d'état	Bas d'état	»
41	Jupiter	9	1,57	Id.	Id.	452	425	27	950	1,79	21	1,535	85	35,5	Id.	Bon état	Bon état	»
42	Coupé	7	1,56	Id.	Vendée	468	425	43	1000	1,84	20	1,595	86	34	Fontenay	Bas d'état	Maigre	Blessé aux épaules.
43	Citron	7	1,56	Père 1/2 sang	Id.	444	425	19	1075	1,77	21	1,55	83	35,5	Id.	Bon état	Bon état	»
44	Avanie	7	1,56	»	Id.	425	383	37	950	1,71	20,5	1,575	80	37	Id.	Assez bon état	Bas d'état	»
45	Vénus	11	1,56	»	Maine-et-Loire	440	406	34	950	1,76	19,5	1,555	84	38,5	Angers	Id.	Id.	»
46	Léna	11	1,55	Mère 1/2 sang	Vendée	435	421	34	1080	1,78	21	1,66	88	38,5	Id.	Maigre	Se touche.	
47	Constitution	9	1,55	»	Id.	455	424	31	1000	1,89	20	1,54	85	35	Fontenay	Bon état	Bas d'état	Se coupe, jarde.
48	Aline	12	1,55	Mère 1/2 sang	Maine-et-Loire	385	350	35	940	1,74	19,5	1,52	87	33	Angers	Bon état	Assez bon état	»

NUMÉRO D'ORDRE	NOM du cheval	AGE	TAILLE	ORIGINE	PROVENANCE	POIDS AVANT LE DÉPART	POIDS À L'ARRIVÉE	PERTE DE POIDS	PRIX D'ACHAT	TOUR DE POITRINE	TOUR DU TENDON	LONGUEUR DU CHEVAL	DISTANCE DU SOL au passage des sangles	LARGEUR DU POITRAIL	DÉPÔT de remonte acheteur	ÉTAT GÉNÉRAL avant le départ	ÉTAT GÉNÉRAL à l'arrivée	BLESSURES et fatigues
			m			kg	kg	kg	fr	m	cm	m	cm	cm				
1	Accueil	15	1,65	»	Manche	585	502	33	1125	1,88	21	1,675	88,5	41	Saint-Lô	Assez bon état	Bas d'état	Très fatigué.
2	L'Arme	15	1,65	Mère 1/2 s.	id.	521	488	33	1450	1,80	20,5	1,625	88	36	id.	Bon état	Bon état	Droit sur son devant.
3	Viatka	16	1,64	P. et M. 1/2 s. n.	id.	512	498	19	900	1,88	21,5	1,615	90,5	41	id.	Assez bon état	Assez bon état	Très fatigué, ne pouvait continuer.
4	Rapide	7	1,64	id.	id.	513	510	3	1050	1,83	20,5	1,66	90	40	id.	id.	id.	Se coupe.
5	Arlon	14	1,645	»	id.	506	484	22	925	1,80	21	1,58	91,2	41	id.	Bon état	Bon état	»
6	Bijou	10	1,64	P. et M. 1/2 s.	Finistère	507	462	45	1150	1,84	20,5	1,615	91	40	Guingamp	Assez bon état	Bas d'état	»
7	Démon	6	1,64	id.	id.	523	495	28	925	1,80	22	1,695	89	39	id.	Maigre	Maigre	Se coupe.
8	Turquie	12	1,64	»	id.	577	547	30	1025	1,92	22	1,655	88	41	id.	Bon état	Bon état	Molettes 4 boulets.
9	Chevance	7	1,635	»	Manche	550	503	47	1150	1,85	20	1,635	89,8	38	Saint-Lô	id.	Assez bon état	»
10	Jeanne	9	1,63	P. et M. 1/2 s. n.	id.	522	490	32	1025	1,87	20	1,625	88	40	id.	Assez bon état	Bas d'état	»
11	Vanikooro	13	1,63	P. et M. 1/2 s.	id.	527	500	27	900	1,84	21	1,665	86	37	id.	Bon état	Assez bon état	Fatigué, ne peut plus suivre.
12	Var	16	1,63	»	Ille-et-Vilaine	479	442	37	950	1,81	20,5	1,57	92	39	Guingamp	id.	Bas d'état	Fatigué.
13	Gondole	16	1,63	P. et M. trait	Côtes-du-Nord	542	513	29	1050	1,86	22,5	1,645	86,5	40	id.	Assez bon état	id.	Très fatigué.
14	Tartane	12	1,63	»	Finistère	575	555	20	650	1,93	22	1,655	87	41	id.	Bon état	Bon état	Membres fortement engorgés.
15	Albanie	7	1,625	»	Manche	534	500	28	1050	1,93	22	1,61	87,2	40	Saint-Lô	Assez bon état	Assez bon état	»
16	Créole II	12	1,645	P. tr. boulon., M. tr.	Côtes-du-Nord	506	486	20	1000	1,80	22	1,635	84	43	Guingamp	id.	Bas d'état	Fatigué, blessé.
17	Armorial	9	1,62	Mère 1/2 s.	Manche	490	483	7	1050	1,85	20,5	1,555	88	30	Saint-Lô	Très bon état	Très bon état	Droit sur ses boulets, poussif.
18	Javelot	6	1,62	»	id.	484	449	35	1075	1,80	20	1,655	89	40	id.	Bon état	Assez bon état	»
19	Ibso	6	1,62	Possède des caract. norm.	Ille-et-Vilaine	515	491	24	1050	1,90	21	1,64	86	35	Guingamp	id.	id.	»
20	Artillerie	6	1,62	Père 1/2 s.	Manche	480	467	13	1075	1,85	20	1,625	85	37	Saint-Lô	Bas d'état	Maigre	Excoriations au dos.
21	Arménie	9	1,62	P. et M. 1/2 s.	id.	510	510	0	1075	1,89	21,5	1,665	84	38	id.	id.	Bas d'état	Excoriations au dos.
22	Lingot	17	1,62	»	id.	495	457	38	900	1,78	22	1,535	87	37	id.	Assez bon état	Assez bon état	Fatigué.
23	Ébénier	11	1,62	»	Côtes-du-Nord	522	490	32	975	1,89	20	1,695	88	39	Guingamp	Très bon état	Bon état	Boite, se coupe.
24	Gitana	14	1,62	P. Sorlolt ang., M.1/2s.	Finistère	516	500	16	975	1,83	21	1,675	88	40	id.	Assez bon état	id.	»
25	Sézanne	13	1,62	»	id.	517	508	9	1050	1,84	22	1,68	87,8	42	id.	id.	Assez bon état	Boulets ronds, se touche.
26	Carol	7	1,615	»	Manche	478	467	11	1000	1,76	21	1,615	86,4	30	Saint-Lô	Bon état	id.	Fatigué.
27	Hélyett	8	1,615	»	id.	456	443	13	925	1,85	20	1,585	85,8	37	id.	Bas d'état	Maigre (trop léger)	»
28	Baliverne	8	1,615	P. et M. trait	Côtes-du-Nord	557	535	22	1000	1,91	22	1,685	87	41	Guingamp	Maigre	Maigre	Se coupe.
29	Dévorante	6	1,615	M. tr. périhéron. M. tr.	Finistère	538	481	57	950	1,84	21	1,635	88	41	id.	Bas d'état	Bas d'état	Cicatrices au garrot.
30	Cabo	13	1,61	P. et M. 1/2 s.	Manche	474	465	9	1000	1,81	21,5	1,625	88	36	Saint-Lô	Assez bon état	Assez bon état	Se coupe, H. L. P. à cause de sa mauvaise conformation.
31	Vétille	16	1,61	»	id.	461	446	15	1025	1,77	20	1,605	86	39	id.	id.	Bas d'état (trop léger)	Très fatigué dans ses membres, H. L. P. presque tout le temps.
32	Babiole	14	1,61	Mère 1/2 s.	id.	512	500	12	1125	1,86	21	1,66	87	39	id.	Bon état	Assez bon état	»
33	Jacobin	6	1,61	»	id.	505	493	12	1075	1,82	21	1,655	87	38	id.	Assez bon état	id.	»
34	Abord	15	1,61	Père 1/2 s.	Ille-et-Vilaine	440	410	30	975	1,75	20	1,565	86,5	40	Guingamp	Bas d'état	Bas d'état (trop léger)	Fatigué.
35	Coclès	7	1,61	P. et M. 1/2 s.	id.	495	474	21	1025	1,83	21	1,59	85,5	41	id.	Assez bon état	Bas d'état	Capelet, suros.
36	Laura	12	1,61	P. et M. trait	?	510	530	27	900	1,90	22	1,665	84	40	id.	Bon état	Bon état	Fatigué.
37	Garbolle	10	1,61	»	Côtes-du-Nord	510	485	25	970	1,85	21	1,595	84,3	43	id.	Assez bon état	Assez bon état	»
38	Ugolin	11	1,61	P. et M. 1/2 s.	Finistère	418	420	+2	950	1,73	20	1,555	89,5	37	id.	Assez bon état	id.	»
39	Delle	11	1,61	»	id.	504	460	44	975	1,80	21	1,60	86	39	id.	Bon état	id.	»
40	Normande	15	1,605	»	Manche	500	455	45	1125	1,83	20	1,565	87	37	Saint-Lô	Assez bon état	Bas d'état	Très fatigué.

Rennes Chevaux de 1m 60 et au-dessous (Petits)

NUMÉRO D'ORDRE	NOM du cheval	AGE	TAILLE	ORIGINE	PROVENANCE	POIDS AVANT LE DÉPART	POIDS À L'ARRIVÉE	PERTE DE POIDS	PRIX D'ACHAT	TOUR DE POITRINE	TOUR DU TENDON	LONGUEUR DU CHEVAL	DISTANCE DU SOL au passage des sangles	LARGEUR DU POITRAIL	DÉPÔT de remonte acheteur	ÉTAT GÉNÉRAL avant le départ	ÉTAT GÉNÉRAL à l'arrivée	BLESSURES et fatigues
			m			kg	kg	kg	fr	m	cm	m	cm	cm				
1	Amérique	6	1,60	P. et M. 1/2 s. n	Manche	541	520	21	1050	1,92	21	1,59	85	37	Caen	Très bon état	Très bon état	Très bon état.
2	Cerise	7	»	P. et M. 1/2 s.	id.	494	465	29	1050	1,85	19,5	1,595	85,5	38	Saint-Lô	Bon état	Bon état	»
3	Vermillon	16	»	id.		473	435	38	975	1,83	20	1,555	86,5	38	id.	Assez bon état	Assez bon état	Manque d'énergie et de rusticité.
4	Caprice	7	»	M. 1/2 s.	Ille-et-Vilaine	506	471	35	950	1,80	22	1,575	86,5	39	Guingamp	Assez bon état	Bas d'état	Cors sur le dos, fatigué.
5	Auditeur	9	»	P. et M. 1/2 s.	id.	509	483	26	950	1,87	21	1,535	90	42	id.	»	Bon état	»
6	Bastille	8	»	id.		487	472	15	950	1,89	21	1,58	87,5	42	id.	Assez bon état	Assez bon état	»
7	Tigresse	17	»	»	id.	498	472	26	1050	1,81	21	1,605	87,5	39	id.	Bon état	Bon état	Engorgement des boulets.
8	Berthe	14	»	»	id.	530	500	30	1025	1,88	20,5	1,605	86	41	id.	id.	id.	Fatigué.
9	Baladin	8	»	»	Côtes-du-Nord	475	448	27	1075	1,75	19	1,555	87,4	40	id.	Assez bon état	Bas d'état	Trop léger.
10	Girouette	15	»	P. 1/2 s., M. trait	id.	490	456	30	1025	1,82	20,5	1,60	87	41	id.	Bon état	Assez bon état	Fatigué.
11	Dormeuse	6	»	P. postier, M. trait	id.	555	515	40	960	1,79	21,5	1,605	87,5	44	id.	id.	Bas d'état	Fatigué sub-fourbure.
12	Alerte	9	»	P. 4/3 s. n., M. 1/2 s	Finistère	510	480	30	1025	1,82	20,5	1,568	88	39	id.	id.	Assez bon état	Excoriation poitrail.
13	Académie	10	»	»	id.	503	478	25	950	1,83	20,5	1,575	87,5	47	id.	id.	Assez bon état	»
14	Cantinière	7	»	»	id.	503	480	23	1000	1,85	22	1,618	86	44	id.	Bas d'état	Bas d'état	Fatigué, trop léger, se coupe.
15	Caïd	7	1,595	P. 1/2 s. n., M. Norfoll	id.	425	428	17	1025	1,75	20	1,58	87	38	id.	id.	id.	Trop nerveux pour l'arme.
16	Anisette	9	1,59	P. 4/3 s. n., M. 4/1 s	Manche	475	419	56	950	1,78	21	1,445	87,5	37	Saint-Lô	Bon état	id.	Cors sur le dos.
17	Urane	11	»	P. et M. 1/2 s.	id.	487	468	19	975	1,82	20	1,555	86,6	37	Guingamp	Très bon état	Bon état	Excoriation poitrail.
18	Bigorce	8	»	id.	id.	483	480	3	1025	1,81	20	1,555	85	36	Saint-Lô	Assez bon état	Assez bon état	Fatigué.
19	Thèse	17	»	M. 1/2 s.	id.	480	450	30	950	1,89	20,5	1,58	82	38	id.	Bon état	Bon état	Très fatigué, trop léger.
20	Vielle	16	»	»	Ille-et-Vilaine	458	420	38	900	1,79	20,5	1,54	87	37	Guingamp	id.	Assez bon état	»
21	Diamant	6	»	»	Finistère	500	470	30	950	1,84	20	1,50	86	38	id.	Très bon état	Bon état	»
22	Sicile	11	»	P. 1/2 s., M. trait	id.	527	498	29	950	1,82	20,5	1,602	87	42	id.	Bon état	id.	»
23	Captive	7	»		id.	542	506	36	975	1,92	21	1,608	87	44	id.	id.	Assez bon état	»
24	Urne	12	»		id.	515	479	36	1025	1,79	22,5	1,595	89	42	id.	id.	id.	»
25	Aïl	15	»		id.	532	488	44	980	1,88	21	1,615	86	41	id.	id.	id.	»
26	Gotion	15	»	»	id.	507	485	22	975	1,82	22	1,605	88	38	id.	Assez bon état	id.	Fatigué.
27	Trompeuse	12	»	»	Côtes-du-Nord	551	521	30	1000	1,89	21	1,55	86	42	id.	Très bon état	Bon état	Cor sur le dos.
28	Attention	13	»	»	Finistère	536	516	18	1050	1,84	22	1,558	86	45	id.	Assez bon état	»	»
29	Coquette	15	1,585	M. 1/2 s.	Manche	495	480	19	950	1,79	21	1,50	87	39	Saint-Lô	id.	i. h. d., trop l. l'âge	Fatigué.
30	Valdo	16	»	id.		481	436	45	900	1,79	21	1,56	87	39	id.	id.	Assez bon état	Se coupe.
31	Hortense	8	»	»	Ille-et-Vilaine	526	512	14	1200	1,79	21,5	1,70	85	40	Guingamp	Bon état	Assez bon état	»
32	Gentille	8	»	P. 1/2 s.	id.	473	458	20	950	1,82	19,5	1,565	86,4	39	id.	id.	»	»
33	Bardeur	11	»	P. 4/2 s. Norfolk, M. trait	Côtes-du-Nord	483	407	26	875	1,75	20	1,605	86,4	39	id.	Bas d'état, trop léger	Assez bon état	Fatigué, blessé poitrail.
34	Ballerine	8	»	»	id.	527	501	26	950	1,86	20,5	1,605	86	41	id.	id.	Bon état	Se coupe, éparvins.
35	Torture	12	»	»	Finistère	512	505	7	1000	1,80	21	1,585	88	41	id.	id.	Bon état	Se dépense beaucoup.
36	Buse	12	1,58	»	Ille-et-Vilaine	518	471	47	975	1,86	20,5	1,605	85,5	42	id.	Assez bon état	Bas d'état	Très fatigué.
37	Finette	13	»	P. et M. 1/2	Côtes-du-Nord	460	431	29	950	1,78	20	1,595	86	36	id.	Bon état	Assez bon état	Excoriations poitrail.
38	Danseuse	9	»	P. 1/2 s. Norfolk	Finistère	506	405	19	950	1,81	21,6	1,625	85	42	id.	id.	Assez bon état	Excoriations.
39	Cousine	7	»	P. et M. 1/2 s. Norfolk	id.	528	510	38	1000	1,85	21	1,615	87	43	id.	id.	Bon état	Se coupe.
40	Agnès	9	»	P. 4/3 s., M. trait léger	id.	514	492	22	950	1,88	20,5	1,575	88	39	id.	id.	Assez bon état	»
41	Bergère	8	»	Trail breton 4/3 s. Norfolk	id.	550	518		975	1,86	22	1,60	85	39	id.	Très bon état	Très bon état	»
42	Hydre	8	»	»	id.	506	512	+6	975	1,89	20	1,615	88	38	id.	Bon état	Bon état	Feint à gauche.
43	Julie	11	»	P. et M., M. trait	id.	470	456	19	950	1,84	20	1,515	88	36	id.	id.	id.	»
44	Allégro	9	»	P. par sang, M. treil	id.	437	424	13	975	1,80	19,5	1,402	86	30	id.	id.	i. h. d., trop léger	Cor sur le dos (trop léger).
45	Thérèse	12	»	»	id.	442	428	14	950	1,78	21	1,495	85	38	id.	Bas d'état, trop léger	Assez bon état	Fatigué (trop léger).
46	Boulogne	8	1,575	P. et M. 1/2 s.	Manche	520	495	20	1000	1,79	21	1,375	89,5	41	Saint-Lô	id.	Assez bon état	Se coupe.
47	Asie	14	»	id.		560	508	41	1000	1,90	21	1,645	83	41	id.	id.	Bon état	Fatigué.
48	Vannette	16	»	»	Ille-et-Vilaine	505	472	33	1000	1,82	20	1,61	81,5	41	Guingamp	id.	id.	Cor sur le rein.
49	Arabie	15	1,57	»	Finistère	515	491	24	1000	1,80	20	1,635	86	42	id.	Assez bon état	Assez bon état	Se coupe.
50	Usure	9	»	P. normand	id.	478	442	36	950	1,84	21	1,61	89	42	id.	Bon état	Bon état	Très fatigué.
51	Agora	9	»	id.		512	495	17	1050	1,83	21	1,59	85	39	id.	id.	Assez bon état	»
52	Gueidre	10	»	P. trait, M. allemand	id.	506	482	24	950	1,79	21	1,60	86	42	id.	id.	Bas d'état, trop léger	»
53	Troupe	17	1,56	M. 1/2 s.	Calvados	484	447	37	950	1,78	20	1,544	87	39	Saint-Lô	id.	id.	»
54	Usurier	11	»	P. et M. 1/2 s.	Manche	506	482	24	975	1,78	20	1,541	87	39	Guingamp	Assez bon état	Assez bon état	»
55	Etrier	9	»	»	Ille-et-Vilaine	455	432	23	950	1,70	19,5	1,56	85,5	38	id.	id.	Bas d'état	Couronné.
56	Coco	13	»	»	Côtes-du-Nord	437	402	35	1000	1,74	19	1,55	86	39	id.	Bon état	Assez bon état	Éparvins secs.
57	Dinette	6	»	P. 4/1 s. bret., M. 4/2 s.	Finistère	484	455	29	975	1,79	21	1,54	83	39	id.	id.	Assez bon état	Excoriations poitrail.
58	Anisette	9	1,55	P. et M. 1/2 s.	Manche	505	490	25	1075	1,85	19,5	1,575	85	38	id.	Assez bon état	Assez bon état	Ne convient pas à l'arme, trop nerveux.
59	Javane	13	»	M. 1/2 s.	Ille-et-Vilaine	476	450	26	950	1,78	20	1,555	80,5	40	id.	Bon état	id.	Œdème à la pointe de l'épaule.
60	Argentine	10	»	P. 1/2 s. breton	Finistère	436	413	23	956	1,75	20	1,53	87	38	id.	id.	Bon état	Fatigué (trop léger).
61	Amarante	9	»	P. Norfolk	id.	478	457	21	975	1,70	20	1,535	89	41	id.	Très bon état	Assez bon état	Se dépense beaucoup.
62	Dorure	8	»	P. Norfolk, M. trait	id.	460	452	14	900	1,80	20,5	1,475	85	38	id.	Assez bon état	Bas d'état	Se dépense beaucoup.
63	Quille	15	»	»	id.	458	436	18	950	1,84	21	1,525	83	41	id.	id.	Assez bon état	»
64	Amorce	9	»	»	id.	476	460	16	950	1,81	21	1,508	83	41	id.	id.	»	»
65	Bibiole	9	»	»	id.	515	499	16	950	1,84	21	1,545	84,8	37	id.	Très bon état	Très bon état	»
66	Danoise	6	1,50	»	id.	525	502	23	1050	1,80	21	1,575	85	40	id.	Bon état	Bon état	»

CHEVAUX DE TRAIT

Clermont-Ferrand — Chevaux au-dessus de 1m 60 (Grands)

NUMÉRO D'ORDRE	NOM du cheval	AGE	TAILLE	ORIGINE	PROVENANCE	POIDS AVANT LE DÉPART	POIDS À L'ARRIVÉE	PERTE DE POIDS	PRIX D'ACHAT	TOUR DE POITRINE	TOUR POITRINE	LONGUEUR DU CHEVAL	DISTANCE DU SOL au passage des sangles	LARGEUR DE POITRAIL	DÉPÔT de remonte acheteur	ÉTAT GÉNÉRAL avant le départ	ÉTAT GÉNÉRAL à l'arrivée	BLESSURES et fatigués
		m				kg	kg	kg	fr	m	cm	m	cm	cm				
1	Serin	13	1,71	Mère 1/2 s.	Manche	540	495	45	925	1,87	21	1,625	93	40	Caen	Bas d'état	Maigre	Blessé sur les côtes, fatigué.
2	Festin	6	1,695	P. et M 1/2 s.	Allier	491	456	35	1000	1,86	21	1,555	90	37	Mâcon	Bon état	Assez bon état	Bl. dessus cou, fatig.
3	Baquet	8	1,68	Id.	Id.	530	510	20	1020	1,92	20	1,555	88	38,5	Id.	Bas d'état	Maigre	
4	Atlas	9	1,68	Id.	Manche	475	440	35	1000	1,80	20	1,575	91	36,5	Caen	Id.	Id.	Se coupe.
5	Ariette	9	1,68	Id.	Id.	515	490	25	950	1,85	21,5	1,65	89	37	Id.	Assez bon état	Bas d'état	Blessé dessus cou et croupe, se coupe.
6	Bijou	7	1,67	Mère 1/2 s.	Ain	525	495	30	1000	1,83	21	1,585	69,5	39,5	Mâcon	Bon état	Bon état	
7	Rosine	14	1,67	P. et M. 1/2 s.	Manche	530	500	30	950	1,90	21	1,56	91	38	Caen	Assez bon état	Bas d'état	Blessé dessus cou et croupe.
8	Robert	9	1,67	Mère 1/2 s.	Id.	505	480	25	1000	1,86	21	1,625	89	36	Id.	Bas d'état	Id.	Blessé croupe, sub-fourrure.
9	Rosalie	14	1,67	P. et M. 1/2 s.	Calvados	490	440	50	950	1,81	20,5	1,61	87	38	Id.	Assez bon état	Maigre	Blessé dessus cou et croupe, fatigué.
10	Quine	15	1,66	Id.	Id.	540	525	15	1050	1,87	21,5	1,67	88	38,5	Id.	Bas d'état	Bas d'état	Blessé côtes croupe, molettes.
11	Géollay	8	1,66	P. p. s. M. 1/2 s.	Saône-et-Loire	515	500	15	1000	1,91	21	1,595	85	37	Mâcon	Assez bon état	Assez bon état	Boulets fatigués.
12	Aiglon	9	1,66	P. 1/2 s. M. p. s.	Id.	500	475	25	1425	1,88	20	1,645	89	39,5	Id.	Bas d'état	Maigre	Blessé garrot, croupe.
13	Déesse	6	1,66	P. et M 1/2 s.	Calvados	500	450	50	1100	1,87	20,5	1,61	88	40	Caen	Id.	Id.	Blessé dessus cou et croupe, poitrail.
14	Hamlet	14	1,66	Id.	Manche	500	480	20	975	1,83	21,5	1,65	91	36	Id.	Assez bon état	Bas d'état	Boulets fatigués.
15	Coquette 1	12	1,66	Père 1/2 s.	Calvados	500	476	24	1425	1,88	20	1,68	89	36	Id.	Id.	Assez bon état	Blessé sur les côtes.
16	Desnu	6	1,66	P. et M. 1/2 s.	Manche	460	440	20	1000	1,81	20	1,58	88	37,5	Id.	Bas d'état	Bas d'état (trop léger)	
17	Austerlitz	9	1,65	P. 1/2 s. M. attel.	Ain	513	510	3	1000	1,87	22	1,59	84,5	41	Aurillac	Id.	Id.	Cor sur le côté, fatig.
18	Jonquette	6	1,62	P. et M. 1/2 s.	Id.	496	462	34	950	1,79	21	1,625	90	37	Mâcon	Id.	Id.	Très fatigué.
19	Baguette	8	1,65	Id.	Saône-et-Loire	500	480	20	1050	1,81	21	1,56	90	38	Id.	Id.	Id.	Blessé dessus cou et croupe, se coupe.
20	Trotte-fort	7	1,65	Id.	Id.	515	500	15	1030	1,85	21	1,67	84,5	39,5	Id.	Maigre	Maigre	Blessé garrot et dessus cou, fatigué.
21	Galilée	13	1,65	Id.	Manche	475	430	45	950	1,84	21	1,575	89	36	Caen	Bon état	Assez bon état	Blessé sur les côtes.
22	Taillable	12	1,65	Id.	Id.	500	475	25	975	1,90	21	1,62	86	38	Id.	Id.	Id.	Id.
23	Isère	10	1,65	Id.	Calvados	480	450	30	925	1,82	21	1,66	87	37,5	Id.	Maigre	Maigre	Blessé croupe, fatig.
24	Solive	6	1,645	Id.	Allier	510	474	36	1000	1,88	21	1,63	89	40	Mâcon	Bas d'état	Id.	Engorgements des boulets.
25	Filou	6	1,62	Id.	Id.	480	438	42	1000	1,83	21	1,56	91	37,5	Id.	Assez bon état	Bas d'état	Blessé côtes et poit.
26	Bichette	6	1,64	Id.	Saône-et-Loire	500	480	20	1000	1,87	21	1,62	87	39	Id.	Bas d'état	Id.	Bl. garrot et épaule.
27	Mylord	7	1,64	Id.	Id.	485	460	25	1000	1,87	21	1,56	86,5	36	Id.	Id.	Maigre	Cor sur le dos, se coupe.
28	Babouin	4	1,64	Id.	Id.	530	525	5	1010	1,85	21,5	1,68	84	37	Id.	Id.	Bas d'état	Fatigué, couronné.
29	Saïd	5	1,635	Id.	Allier	488	455	33	1000	1,77	21	1,64	92	36	Id.	Assez bon état	Assez bon état	
30	Céline	7	1,63	Id.	Ain	470	440	30	1000	1,76	21	1,53	92	37	Id.	Id.	Id.	Bl. côtes, se coupe.
31	Jupiter	9	1,63	P. 1/2 s. M. trait.	Saône-et-Loire	517	500	17	980	1,86	21	1,62	85,5	37	Id.	Id.	Bas d'état	Fatigué.
32	Athlète	9	1,63	P. et M. 1/2 s.	Ain	407	460	7	950	1,89	20	1,54	89	38,5	Id.	Bon état	Bas d'état	Blessé garrot.
33	Discret	6	1,63	P. Norfolk	Ain	460	440	20	1000	1,69	20	1,59	92	39	Id.	Bas d'état	Bas d'état	
34	Nuridon	8	1,63	P. et M. 1/2 s.	Manche	475	460	19	975	1,83	21	1,585	88	36,5	Caen	Assez bon état	Assez bon état	Cor sur le dos et blessé croupe.
35	Flamme	9	1,63	Père 1/2 s.	Calvados	495	445	50	1000	1,79	20,5	1,635	86	39,5	Id.	Bas d'état	Maigre	Bl. croupe et poitrail.
36	Idoménée	14	1,63	P. et M. 1/2 s.	Manche	475	440	30	900	1,77	20,5	1,62	90	38	Id.	Assez bon état	Bas d'état	Cor sur le dos, molet.
37	Révérend	14	1,625	Id.	Id.	460	430	30	1000	1,83	22	1,535	87	38	Id.	Id.	Id.	Cor sur les côtes.
38	Éclatant	17	1,63	Id.	Calvados	481	455	26	925	1,81	21	1,55	90	37	Id.	Bas d'état	Id.	
39	Toise	12	1,625	Id.	Manche	520	495	25	1000	1,85	21	1,70	85	3,5	Id.	Maigre	Maigre	Blessé croupe et sangles, fatigué.
40	Belle	9	1,62	Id.	Rhône	475	447	28	1000	1,88	20	1,57	87	39	Aurillac	Bon état	Bas d'état	Blessé garrot, engorgement des boulets.
41	Champion	10	1,62	Id.	Ain	500	470	30	?	1,83	21	1,61	84	39	Mâcon	Assez bon état	Assez bon état	Bl. garrot.
42	Repaire	7	1,62	Id.	Calvados	484	442	42	900	1,84	21	1,66	89	36	Caen	Bas d'état	Id.	Bl. croupe et épaule.
43	Rodez	2	1,63	Père 1/2 s.	Manche	510	442	18	1025	1,87	22	1,645	87	38	Id.	Id.	Bas d'état	Fatigué, blessé croupe, boite.
44	Dérision	6	1,62	Mère 1/2 s.	Id.	490	445	45	1075	1,87	20	1,57	87	37	Id.	Bon état	Assez bon état (tourbe)	Blessé garrot, courb.
45	Horloge	7	1,615	P. et M. 1/2 s.	Ille-et-Vilaine	495	455	39	900	1,76	20	1,62	88	38,5	Id.	Maigre	Maigre	Excoriation du garrot, se coupe.
46	Coquette	7	1,615	P. et M. 1/2 s.	Nièvre	494	450	44	1050	1,82	20	1,58	85,5	40	Mâcon	Assez bon état	Bas d'état	Blessé poitrail et croupe, se coupe.
47	Anisette	9	1,61	Père 1/2 s.	Loire	480	427	53	950	1,86	20,5	1,56	85	35	Aurillac	Assez bon état	Assez bon état	Blessé garrot et croupe.
48	Léger	10	1,61	Id.	Id.	480	470	10	1100	1,81	21	1,625	83	41	Id.	Assez bon état	Id.	Blessé côté droit, boulets ronds.
49	Luvé	11	1,61	Id.	Id.	430	410	10	1075	1,72	20	1,53	91	38	Id.	Bas d'état	Bas d'état (trop léger)	Blessé côtes et croupe.
50	Ulice	11	1,63	Id.	Ain	452	436	22	1030	1,84	20	1,555	87	37	Mâcon	Id.	Bas d'état	Blessé garrot, lymphangite.
51	Éclair	9	1,61	Id.	Allier	485	445	40	1050	1,83	21	1,645	85	38,5	Id.	Assez bon état	Id.	Blessé côtes et croupe, se coupe.
52	Roulette	8	1,61	Père 1/2 s.	Loire	500	475	25	980	1,85	20	1,645	86	37,5	Id.	Bon état	Assez bon état	
53	Ardent	10	1,61	P. et M. 1/2 s.	Saône-et-Loire	460	440	20	1000	1,76	20	1,545	85,5	37	Id.	Bas d'état	Maigre	
54	Charlotte-Corday	7	1,61	Id.	Calvados	485	445	39	875	1,88	20	1,575	87	36	Caen	Assez bon état	Assez bon état	Bl. croupe, se touche.
55	Lisette III	8	1,61	Id.	Manche	500	495	5	1000	1,97	20	1,615	83	36,5	Id.	Bon état	Id.	
56	Marquise	7	1,615	Père 1/2 s.	Eure	455	422	33	950	1,74	21	1,62	89	40	Id.	Bas d'état	Maigre (trop léger)	Blessé sur les côtes.

N°	NOM du cheval	AGE	TAILLE	ORIGINE	PROVENANCE	POIDS AVANT LE DÉPART	POIDS À L'ARRIVÉE	PERTE DE POIDS	PRIX D'ACHAT	TOUR DE POITRINE	TOUR DU TENDON	LONGUEUR DU CHEVAL	DISTANCE DU SOL au passage des sangles	LONGUEUR DU POITRAIL	DÉPOT de remonte acheteur	ÉTAT GÉNÉRAL avant le départ	ÉTAT GÉNÉRAL à l'arrivée	BLESSURES et fatigues
			m			kg	kg	kg	fr	m	cm	m	cm	cm				
1	Livarot	8	1,60	P. et M. 1/2 s.	Manche	520	4,5	75	925	1,74	20	1,57	89	33	Caen	Bas d'état	Maigre	Blessé côtes.
2	Coquette V	7	1,60	Id.	Id.	490	470	20	1050	1,86	20	1,585	85	40,5	Id.	Assez bon état	Assez bon état	Blessé croupe, boîte.
3	Pupillon II	12	1,60		Calvados	480	450	30	925	1,78	20	1,635	85	33,5	Id.	Bas d'état	Maigre	Blessé croupe.
4	Coquette II	12	1,57	Père 1/2 sang	Id.	440	420	20	975	1,80	20	1,56	84	36	Id.	Bon état	Assez bon état	
5	Georgette	15	1,60	P. et M. 1/2 s.	Manche	510	474	36	1000	1,83	20,5	1,56	84	36	Id.	Très bon état	Très bon état	Blessé croupe, fatigué.
6	Ahoukir	9	1,60	Id.	Loire	460	430	40	975	1,76	20	1,57	87	38	Aurillac	Bas d'état	Bas d'état	Boiterie accusée.
7	Béros	8	1,60	Id.	Saône-et-Loire	470	440	30	900	1,77	20	1,54	83	35	Mâcon	Bon état	Bon état	Fatigué.
8	Marotte	10	1,60	P. p. s. M. trait	Id.	465	460	5	1050	1,82	20	1,54	84	36	Id.	Id.	Id.	
9	Sabre	6	1,60	Père 1/2 sang	Id.	480	460	20	960	1,76	20,5	1,615	86	33,5	Id.	Assez bon état	Bas d'état	Blessé croupe et dos.
10	Louisiane	8	1,60	»	Finistère	500	460	40	875	1,82	20	1,625	85,5	36,5	Guingamp	Bon état	Bon état	
11	Nymphe	6	1,60	»	Id.	500	470	30	925	1,85	20	1,645	86	39	Id.	Assez bon état	Assez bon état	Blessé croupe, dos, poitrail.
12	Donjon	6	1,60	P. trait M. 1/2 s.	Id.	445	410	35	900	1,79	20,5	1,565	88,5	36	Id.	Bas d'état	Maigre (très léger)	
13	Urgente	11	1,595	Mère 1/2 sang	Manche	515	470	45	?	1,90	21	1,595	85	40,5	Caen	Maigre	Maigre	Blessé croupe, boulets fatigués.
14	Charmille	7	1,595	Père 1/2 sang	Id.	445	430	15	1000	1,82	20	1,57	83	40,5	Id.	Bas d'état (léger)	Bas d'état	côtes et croupe.
15	Carolus	7	1,595	P. et M. 1/2 s.	Saône-et-Loire	450	410	40	1000	1,79	20	1,54	86	33	Mâcon	id.	Maigre (léger)	Blessé poitrail et dos.
16	Coquette	11	1,59	Mère 1/2 sang	Calvados	515	467	48	975	1,83	21	1,595	83,5	40	Caen	Bon état	Assez bon état	
17	Docile	6	1,59	Père pur sang	Id.	480	440	40	975	1,78	20,5	1,62	86,5	38,5	Id.	Assez bon état	Id.	Boulets fatigués.
18	Azalée	9	1,59	Père 1/2 sang	Manche	465	410	55	900	1,76	19	1,59	86,5	36	Id.	Bas d'état	Bas d'état	
19	Neven	6	1,59	»	Calvados	470	444	26	900	1,81	20	1,61	85,5	80,5	Id.	Assez bon état	Bas d'état	
20	Girofflée	8	1,59	P. et M. 1/2 s.	Loire	500	480	20	975	1,80	21	1,62	83	38	Aurillac	Bas d'état	Id.	
21	Foulier	9	1,59	Id.	Ain	448	425	23	950	1,80	20,5	1,53	86	35	Id.	Bon état	Bon état	
22	Dernier	6	1,59	Id.	Nièvre	490	455	35	950	1,79	21	1,60	86	37,5	Mâcon	Maigre	Très maigre	Blessé croupe.
23	Auto	4	1,59	Id.		485	460	25	950	1,79	21	1,62	87	39	Id.	Assez bon état	Bas d'état	Blessé croupe.
24	Bûcheron	8	1,59	P. 1/2 s. M. arr.	Saône-et-Loire	472	440	32	900	1,86	20,5	1,585	82	39	Id.	Id.	Assez bon état	Se touche.
25	Moskowa	7	1,59	»	Finistère	510	490	20	925	1,80	21	1,65	85	37	Guingamp	Id.	Bas d'état	Cor sur le dos.
26	Lyre	9	1,59		Id.	535	485	50	900	1,86	21,5	1,63	88	42	Id.	Bon état	Bas d'état	Boulets fatigués.
27	Brunette	13	1,58	P. et M. 1/2 s.	Loire	448	430	18	950	1,77	20	1,525	84	30	Aurillac	Assez bon état	sc. bon état	Blessé garrot.
28	Impie	13	1,58	Id.		480	463	14	950	1,85	21	1,52	86	40	Id.	Bas d'état	Bas d'état	Blessé croupe et côtes.
29	Paradis	8	1,58	Père 1/2 sang	Id.	468	490	48	1025	1,81	20,5	1,555	80	38,5	Id.	Assez bon état	Id.	Cors sur le dos.
30	Allons-y	7	1,58	P. et M. 1/2 s.	Saône-et-Loire	500		5	1010	1,78	20	1,64	87	35	Mâcon	Assez bon état	Assez bon état	
31	Gôche	12	1,58		Finistère	500	470	30	1010	1,88	20	1,555	83,5	38	Guingamp	Bon état	Bon état	
32	Griblette	12	1,58	»	Id.	505	480	25	950	1,80	21	1,535	86	38	Id.	Id.	Id.	Boulets fatigués.
33	Gaffe	12	1,585	»	Id.	535	500	35	925	1,83	22	1,695	85	40,5	Id.	Id.	Id.	Cor.
34	Hospice	11	1,58	»	Id.	515	480	35	?	1,81	21	1,54	86	39,5	Id.	Id.	Assez bon état	Se coupe.
35	Démonville	6	1,57	Père pur sang	Calvados	440	420	20	1100	1,74	20	1,50	84	35	Caen	Assez bon état	Id.	
36	Jardie	9	1,575	»	Finistère	495	480	15	975	1,84	20,5	1,59	83	40	Guingamp	Id.		Boulets fatigués.
37	Montcalm	9	1,60		Id.	440	490	90	925	1,77	19	1,60	84	33,5	Id.	Bas d'état	Bas d'état (léger)	Se touche.
38	Bigamie	8	1,57	P. 1/2 s. E. traineurs	Manche	506	475	31	1025	1,84	21	1,635	83	45	Id.	Assez bon état	Bas d'état	
39	Flûte	13	1,575	»	Finistère	465	440	25	950	1,70	20	1,555	82	37	Id.	Id.	Assez bon état	Cor sur le dos.
40	Audacieuse	9	1,565	P. et M. 1/2 s.	Manche	480	455	25	1150	1,83	20	1,565	82	40	Caen	Bas d'état	Bas d'état	Blessé garrot et croupe.
41	Minoré	8	1,565	P. trait breton	Finistère	475	445	30	950	1,80	20	1,545	85	38	Guingamp	Assez bon état	Bas d'état	
42	Honoré	7	1,565	P. et M. 1/2 s.	Id.	505	450	55	950	1,82	20,5	1,65	84	36	Id.	Id.	Bas d'état	Blessé sur le dos et le poitrail.
43	Étape	14	1,565	»	Id.	535	500	35	975	1,86	20	1,62	81	38,5	Id.	Très bon état	Bon état	
44	Fortune	10	1,565	»	Id.	500	470	30	950	1,81	21	1,60	86	36	Id.	Id.	Id.	
45	Suzette	8	1,55	P. 1/2 s. M. trait	Loire	440	410	30	1000	1,77	19,5	1,59	81	34,5	Aurillac	Très bon état	Id.	Boîte postérieur droit.
46	Isaure	10	1,555	»	Finistère	515	485	30	900	1,89	21	1,565	83,5	39,5	Guingamp	Bon état	Id.	Très bon état
47	Nuance	6	1,55	»	Id.	500	460	40	925	1,80	21	1,585	85	38,5	Id.	Assez bon état	Bas d'état	Se coupe, petites excoriations.
48	Goyave	12	1,55	»	Id.	455	440	15	975	1,72	20	1,535	86	36,5	Id.	Maigre	Maigre (très léger)	Se touche.

NUMÉRO D'ORDRE	NOM du cheval	AGE	TAILLE	ORIGINE	PROVENANCE	POIDS avant le départ	POIDS à l'arrivée	PERTE DE POIDS	PRIX D'ACHAT	TOUR DE POITRINE	TOUR DU FÉMUR	LONGUEUR DU CHEVAL	DISTANCE DU SOL au passage des sangles	LARGEUR DU POITRAIL	DÉPÔT de remonte acheteur	ÉTAT GÉNÉRAL avant le départ	ÉTAT GÉNÉRAL à l'arrivée	BLESSURES et fatigues
			in			kg	kg	kg	fr	m	cm	m	cm	cm				
1	Lamy	8	1,68	Mère 1/2 s.	Calvados	534	480	54	925	1,95	21	1,66	88	40	Caen	Bon état	Assez bon état	Blessé croupe.
2	Brigand	8	1,68	P. et M. 1/2 s.	Manche	494	482	12	900	1,86	22	1,57	91	37	Saint-Lô	Bon état (blessé cou)	Id.	Fatigué.
3	Pantin	16	1,68	Id.	Vendée	536	470	66	900	1,90	22	1,62	89	40	Caen	Bon état	Bas d'état	Id.
4	Capucine	7	1,67	Id.	Calvados	524	500	24	1800	1,86	21	1,61	90	40	Id.	Id.	Bon état	Blessé croupe.
5	Calfat	8	1,67	Mère 1/2 s.	Manche	522	484	38	1050	1,87	22	1,64	91	38	Id.	Id.	Assez bon état	Fatigué.
6	Lutin	8	1,67	P. et M. 1/2 s.	Id.	530	502	28	950	1,90	22	1,88	93	40	Id.	Assez bon état	Bas d'état	Blessé passage traits, fatigué.
7	Saint-Gall	13	1,67	Id.	Id.	520	478	42	950	1,82	23	1,62	91	37	Faverney	Id.	Id.	Très fatigué.
8	Polka	6	1,67	Id.	M.-et-Moselle	488	466	22	1000	1,88	20	1,66	93	38	Caen	Bas d'état	Id.	Blessé par bricole.
9	Condisciple	7	1,66	»	Calvados	510	472	38	1050	1,86	22	1,58	91	40	Id.	Assez bon état	Id.	Blessé croupe, fatigué.
10	Joubiné	10	1,66	P. 1/2 s., M. attel.	Saône-et-Loire	520	504	16	1020	1,85	20	1,64	90	39,5	Mâcon	Id.	Assez bon état	Fatigué.
11	Ange	9	1,65	P. et M. 1/2 s.	Calvados	560	522	38	1150	1,89	21	1,71	90	40	Caen	Id.	Bas d'état	Lymphangite.
12	Sans-Tache	10	1,65	Id.	Manche	520	480	40	1000	1,92	21	1,60	88	39	Saint-Lô	Bon état	Bon état	Fatigue.
13	Cagnat	12	1,65	Id.	Id.	524	462	32	1000	1,90	22	1,59	89	38,5	Caen	Bas d'état	Bas d'état	Blessé dos.
14	Bamboly	9	1,65	P. et M. 1/2 s.	Vosges	520	484	36	1050	1,80	22	1,68	90	39	Cuperly	Assez bon état	Id.	Fatigué.
15	Crapule	7	1,64	Id.	Calvados	496	450	46	1000	1,85	20	1,61	88	39	Caen	Bas d'état	Maigre	Blessé dos.
16	Palissy	16	1,64	P. p. s. M. 1/2 s.	Id.	500	470	30	1250	1,93	21	1,55	86	39	Id.	Maigre	Id.	Engorgement membres.
17	Écrou	6	1,64	P. et M.	Id.	502	482	20	925	1,90	20	1,56	90	39	Id.	Bon état	Assez bon état	
18	Daphné	7	1,64	Id.	Id.	499	470	29	950	1,90	21	1,55	92	39	Id.	Assez bon état	Id.	
19	Raïde	15	1,64	Id.	Manche	480	420	60	1125	1,89	21	1,60	92	39	Id.	Id.	Maigre	Cor dos, fatigué.
20	Plaston	13	1,64	Id.	Id.	550	500	50	1325	1,92	22	1,67	89	40	Id.	Bon état	Id.	Fatigué.
21	Pigeon	14	1,64	Id.	Id.	526	508	18	925	1,85	22	1,60	92	39	Id.	Id.	Assez bon état	Blessé bricole, fatigué.
22	Trani	12	1,64	Id.	Id.	480	454	26	1000	1,82	21	1,62	90	38	Id.	Assez bon état	Bas d'état	Fatigué.
23	Mastrillo	7	1,64	Id.	Id.	500	460	40	950	1,88	21	1,57	91	37	Id.	Bas d'état	Maigre	Id.
24	Oblat	5	1,64	P. 1/2 s. M. trait	M.-et-Moselle	570	520	50	1100	1,90	22	1,655	90	39	Faverney	Bon état	Assez bon état	Très fatigué.
25	Vérifiani	10	1,64	P. p. s., m. trait	Saône-et-Loire	472	458	14	1100	1,82	22	1,56	94	38	Mâcon	Id.	Id.	Blessé dos et croupe.
26	Macaron	10	1,64	Père 1/2 s.	Id.	520	560	40	1000	1,83	21	1,62	85	39	Id.	Id.	Bas d'état	Blessé par bricole.
27	Bayard	7	1,64	P. et M. 1/2 s.	M.-et-Moselle	560	536	24	1000	1,89	22	1,68	90	40	Cuperly	Id.	Assez bon état	Blessé par bricole.
28	Moniton	10	1,63	»	Vosges	474	412	62	1000	1,85	21	1,615	86	36	Id.	Id.	Bas d'état	Id.
29	Olga	7	1,63	Mère 1/2 s.	Calvados	488	442	46	1100	1,87	20	1,61	85	43	Caen	Bon état (blessé dessus cou)	Assez bon état	Id.
30	Avrilla	7	1,63	Id.	Id.	466	422	44	1200	1,81	20	1,63	88	38	Id.	Bas d'état	Maigre	Blessé dos et côtes, fatigué.
31	Caramel	9	1,63	Id.	Id.	540	496	44	875	1,90	21	1,61	88	37	Id.	Bon état	Assez bon état	Fatigué.
32	Capricorne	14	1,63	Id.	Id.	480	432	48	925	1,85	22	1,52	92	38	Id.	Assez bon état	Assez bon état	Id.
33	Violoneux	13	1,63	P. 1/2 s., M. correus.	Mayenne	520	504	16	925	1,93	22	1,645	86	39	Alençon	Bon état	Assez bon état	Blessé garrot, très fatigué.
34	Papillon	9	1,63	P. 1/2 s., M. trait	M.-et-Moselle	514	466	48	950	1,83	21	1,58	87	38	Cuperly	Id.	Bas d'état	Cor sur dos.
35	Soller	7	1,63	P. et M. 1/2 s.	Vosges	482	450	32	1100	1,84	20	1,655	91	40	Caen	Assez bon état	Id.	Id.
36	Cerise	7	1,62	Id.	Calvados	500	460	40	1285	1,83	21	1,60	88	40	Id.	Id.	Id.	Blessé garrot, fatigué.
37	Baloque	8	1,62	Mère 1/2 s.	Id.	536	510	26	950	1,87	21	1,60	88	40	Id.	Id.	Id.	Blessures multiples au passage des traits.
38	Cabochon	10	1,62	P. et M. 1/2 s.	Id.	482	452	30	925	1,79	21	1,58	90	38,5	Id.	Bas d'état	Id.	Blessé croupe, fatigué.
39	Babil	8	1,62	Père 1/2 s.	Manche	498	476	22	900	1,85	20	1,61	87	38,5	Id.	Id.	Maigre	Blessé croupe, fatigué.
40	Bernique	8	1,62	P. 1/2 s., M. trait	Id.	502	476	26	1025	1,82	21	1,57	90	38	Id.	Bon état	Assez bon état	
41	Bayette	15	1,62	Père 1/2 s.	Id.	452	440	12	1025	1,75	21	1,63	90	39	Id.	Assez bon état (blessé dessus cou)	Bas d'état	Blessé croupe, très fatigué.
42	Goum	7	1,62	Presque normand	Ardennes	490	452	38	900	1,81	21	1,62	88	39	Faverney	Id.	Maigre	
43	Camuil	7	1,62	P. et M. 1/2 s.	Vosges	464	430	34	1050	1,83	21	1,64	89	38	Cuperly	Assez bon état	Bas d'état	
44	Olga	9	1,62	P. 1/2 s., M. selle	Id.	474	458	16	900	1,85	20	1,62	85	39	Id.	Id.	Assez bon état	N'a pas été attelé (blessé partout).
45	Rêveur	6	1,61	P. et M. 1/2 s.	Calvados	546	504	42	975	1,88	22	1,655	90	40	Caen	Id.	Maigre	
46	Chérie	6	1,61	P. 1/2 s., M. trait	Id.	530	484	46	950	1,81	22	1,65	90	40	Saint-Lô	Bon état	Assez bon état	Fatigué.
47	Biscuit	6	1,61	Id.	M.-et-Moselle	480	458	22	975	1,87	20	1,61	87	39	Faverney	Id.	Id.	
48	Ribe	10	1,61	P. p. s., M. trait	Saône-et-Loire	476	468	8	1100	1,85	21	1,58	90	40	Mâcon	Id.	Bas d'état	Blessé garrot, fatigué.
49	Coquette III	11	1,61	P. et M. 1/2 s.	Id.	480	454	32	980	1,83	21	1,55	88	39	Id.	Id.	Id.	Blessé croupe, fatigué.
50	Martyr	7	1,61	Père 1/2 s.	Orne	546	504	42	800	1,66		84	38		Alençon	Assez bon état	Id.	Fatigué.
51	Nuage	6	1,61	P. et M. 1/2 s.	Id.	540	518	22	1050	1,93	22	1,57	84	40	Alençon	Assez bon état	Bas d'état	Blessé garrot et dos.
52	Lucette	9	1,61	Id.	Id.	482	440	42	975	1,82	20	1,54	87	39	Id.	Bas d'état	Id.	Fatigué.
53	Fida	13	1,61	»	Id.	468	440	8	1050	1,80	20	1,62	88	40	Id.	Id.	Maigre	Blessé garrot, fatigué.
54	Souvenince	12	1,61	P. 1/2 s., M. correus.	Mayenne	470	434	36	1025	1,80	20	1,62	88	40	Id.	Id.	Maigre	Blessé garrot, fatigué.
55	Fleur	6	1,61	P. et M. 1/2 s.	Id.	482	454	28	925	1,88	20	1,61	87	38	Id.	Assez bon état	Assez bon état	Fatigué.
56	Agécourt	14	1,61	Id.	M.-et-Moselle	554	520	34	900	1,89	22	1,63	90	40	Cuperly	Bon état	Bas d'état	
57	Caducée	13	1,605	»	Calvados	495	463	32	950	1,82	22	1,65	87	38	Caen	Assez bon état	Bas d'état	Blessé croupe, fatigué.

NUMÉRO D'ORDRE	NOM du cheval	ÂGE	TAILLE	ORIGINE	PROVENANCE	POIDS avant le départ	POIDS à l'arrivée	PERTE DE POIDS	PRIX D'ACHAT	TOUR DE POITRINE	TOUR AU VIDE	LONGUEUR DU CHEVAL	DISTANCE DU SOL au passage des sangles	LARGEUR DU POITRAIL	DÉPÔT de remonte acheteur	ÉTAT GÉNÉRAL avant le départ	ÉTAT GÉNÉRAL à l'arrivée	BLESSURES et fatigues
		m				kg	kg	kg	fr	m	cm	m	cm	cm				
1	Bénicarlo	8	1,60	M. 1/2 s.	Calvados	554	512	42	1000	1,90	21	1,65	86	40	Caen	Assez bon état	Bas d'état	Blessé dos à gauche.
2	L'Éclair	11	1,60	Id.	Id.	486	452	34	925	1,82	20	1,57	90	39	Id.	Bas d'état	Bas d'état	Fatigué.
3	Achille	13	1,60	P. et M. 1/2 s.	Id.	503	484	19	1000	1,88	21	1,62	90	37	Id.	Assez bon état	Bas d'état	Blessé croupe, fatigué.
4	Canard I	7	1,60	Id.	Id.	464	444	20	1050	1,80	20	1,62	88	37	Id.	Bas d'état	Id.	Blessé dos.
5	Henry	7	1,60	P. 1/2 s.	Id.	558	532	26	1050	1,90	22	1,65	86	37	Id.	Assez bon état	Assez bon état	Blessé garrot et bottes coi.
6	Coquette XIV	9	1,60	P. 1/2 s., M. trait	Id.	490	440	50	925	1,72	20	1,61	84	37	Id.	Bon état	Id.	
7	Urbaine	11	1,60	P. et M. 1/2 s.	Manche	480	460	20	1100	1,80	21	1,55	87	40	Id.	Assez bon état	Id.	Fatigué.
8	Carillon	8	1,60	Id.	Id.	498	466	32	900	1,91	21	1,60	88	46	Id.	Id.	Bas d'état	
9	Canada	7	1,60	P. et M. 1/2 s. (serg.)	Id.	587	566	21	1050	1,82	21	1,65	88	39	Id.	Id.	Assez bon état	
10	Venante	10	1,60	P. 1/2 s., M. trait	Id.	474	444	30	960	1,88	21	1,59	85	37	Saint-Lô	Id.	Id.	Blessé dos, fatigué.
11	Juigas	7	1,60	P. et M. trait	M.-et-Moselle	530	512	18	1050	1,85	22	1,63	85	39	Faverney	Bon état	Assez bon état	
12	Marceau II	7	1,60	P. ardenn. (bret.)	Vosges	552	520	32	975	1,91	22	1,61	84	39	Id.	Id.	Bon état	Blessé passage brafs, très fatig.
13	Bergère	6	1,60	P. poulonnais	M.-et-Moselle	480	422	58	1000	1,87	21	1,56	89	39	Id.	Id.	Assez bon état	
14	Fanchon	7	1,60	P. et M. trait	Vosges	484	430	54	1000	1,85	20	1,57	86	38	Id.	Id.	Bon état	
15	Espoir	5	1,60	P. et M. trait	Ardennes	530	500	30	1050	1,88	21	1,62	86	38	Id.	Id.	Assez bon état	Fatigué.
16	Vigneron	10	1,60	P. 1/2 s., M. trait	Saône-et-Loire	444	410	34	1020	1,74	21	1,55	88	39	Mâcon	Id.	Id.	
17	Charlotte	10	1,60	Id.	Id.	502	466	36	960	1,85	21	1,585	85	41,5	Id.	Id.	Id.	
18	Victoria	10	1,60	P. 1/2 s.	Id.	502	470	32	1050	1,85	21	1,52	85	40	Id.	Id.	Id.	Blessé dos, fatigué.
19	Madrigal	10	1,60	Id.	Id.	484	440	44	1000	1,85	21	1,60	86	39	Alençon	Bas d'état	Id.	maigre
20	Tunisienne	7	1,60	P. et M. 1/2 s.	Orne	482	468	14	1025	1,89	21	1,62	86	39	Id.	Id.	Id.	
21	Éveillée	9	1,60	P. 1/2 s., M. attel.	Id.	472	460	12	925	1,82	21	1,58	88	37	Id.	Id.	Bon état	Fatigué.
22	Urane	11	1,60	P. et M. 1/2 s.	Id.	534	480	54	975	1,92	22	1,62	80	39	Id.	Bon état	Assez bon état	Fatigué.
23	Dépêche	15	1,60	Id.	Mayenne	502	482	20	1075	1,79	21	1,63	84	41,5	Id.	Assez bon état	Bas d'état	Fatigué (âge).
24	Manic	6	1,60	P. p. s., M. 1/2 s.	Id.	478	430	48	975	1,85	21	1,55	88	39	Id.	Id.	Id.	
25	Limier	10	1,60	P. 1/2 s., M. trait	M.-et-Moselle	460	406	54	900	1,77	20	1,57	89	39	Cuperly	Assez bon état	Id.	Très fatigué.
26	Goujon	13	1,60	Id.	Id.	490	448	48	950	1,82	21	1,61	89	39	Id.	Id.	Id.	Blessé sangles, fatig.
27	Jageny	12	1,60	P. 1/2 s.	Id.	522	478	44	1000	1,86	21,5	1,59	88	39,5	Id.	Id.	Id.	Fatigué.
28	Mars II	9	1,60	P. et M. 1/2 s.	Id.	464	382	82	1000	1,82	21	1,57	90	38	Id.	Bon état	Très maigre	Très fatigué.
29	Actif	12	1,60	P. 1/2 s., M. trait	Id.	478	442	36	1000	1,77	22	1,58	87	40,5	Id.	Bon état	Bas d'état	Blessé croupe, brûlé.
30	Pomponne	6	1,59	P. et M. 1/2 s.	Calvados	476	440	30	1000	1,56	20	1,56	86		Caen	Assez bon état	Bas d'état	Blessé croupe, brûlé.
31	Patrice	9	1,59	Id.	Id.	458	418	30	950	1,71	21	1,55	87	38	Id.	Bon état	Assez bon état	
32	Radical	14	1,59	Id.	Id.	466	442	24	1000	1,86	21	1,55	86	37	Id.	Assez bon état	Id.	
33	Drame	5	1,59	P. et M. trait	M.-et-Moselle	498	472	26	1000	1,92	21,5	1,61	87	35	Faverney	Id.	Bas d'état	Blessé bricole et côtes.
34	Coco	12	1,59	P. 1/2 s., M. carross.	Saône-et-Loire	434	420	36	900	1,77	21	1,59	87	35	Mâcon	Bon état	Id.	Cor sur le dos.
35	Amanda	10	1,59	P. 1/2 s., M. selle	Id.	444	420	24	980	1,83	21	1,58	85	40	Alençon	Assez bon état	Bas d'état	Blessé dos.
36	Kion-Siou	10	1,59	Id.	Orne	464	420	20	900	1,81	21	1,595	85	40	Id.	Bas d'état	Id.	Blessé épaule, fatigué.
37	Jèville	9	1,59	P. 1/2 s., M. carross.	Id.	470	450	20	950	1,79	20	1,59	85	40	Id.	Id.	Id.	
38	Fidèle II	12	1,59	P. et M. 1/2 s.	Id.	502	478	24	975	1,83	21	1,68	85	39	Id.	Assez bon état	Assez bon état	Blessures nombreuses, fatigué.
39	Luther	9	1,59	P. 1/2 s., M. sellé	Id.	474	450	24	1000	1,83	21	1,61	85	39	Id.	Id.	Bas d'état	Blessé côtes, très fatigué.
40	Groguard	13	1,59	Id.	Id.	458	416	82	900	1,81	20	1,54	88	38	Id.	Bon état	Bon état	Fatigué.
41	Uranie I	11	1,59	P. et M. attel.	Id.	485	460	24	900	1,85	20	1,58	87	38	Id.	Id.	Assez bon état	
42	Nadir	6	1,59	P. p. s., M. trait	Mayenne	488	446	42	950	1,82	20	1,60	88	88	Cuperly	Bon état	Id.	Fatigué.
43	Hispide	12	1,59	P. et M. trait	M.-et-Moselle	438	402	36	1000	1,79	21	1,60	87	38	Id.	Id.	Bas d'état	Cor.
44	Pékin	8	1,59	P. 1/2 s., M. 1/2 t.	Vosges	470	418	28	1025	1,80	21	1,56	86	38	Id.	Id.	Assez bon état	Très fatigué.
45	Rahoni	12	1,59	P. et M. 1/2 s.	Vosges	484	446	38	1035	1,82	21	1,60	86	38	Id.	Bas d'état	Bas d'état	Blessé dos et croupe.
46	Sylva	15	1,59	P. 1/2 s., M. trait	Id.	542	396	20	1000	1,78	21	1,56	86	37	Caen	Bon état	Id.	
47	Deidamie	6	1,58	P. et M. 1/2 s.	Calvados	506	468	38	950	1,90	20	1,58	88	39	Id.	Assez bon état	Bas d'état	Blessé garrot.
48	Bractée	8	1,58	Id.	Id.	574	486	28	950	1,92	21	1,60	88	37	Id.	Bon état	Bon état	
49	Nina	12	1,58	Id.	Id.	514	486	28	900	1,83	21	1,58	86	37	Id.	Id.	Id.	
50	Débauche	6	1,58	Id.	Vosges	456	414	42	925	1,86	21	1,53	84	40	Faverney	Id.	Bas d'état	
51	Marquis	8	1,58	P. et M. trait	M.-et-Moselle	528	458	30	1075	1,89	22	1,58	88	38	Mâcon	Id.	Assez bon état	Blessé dos.
52	Bichette II	11	1,58	P. et M. 1/2 s.	Saône-et-Loire	460	444	32	900	1,87	21	1,53	85	43	Alençon	Assez bon état	Id.	Fatigué.
53	Infantine	10	1,58	Id.	Orne	470	440	22	925	1,86	21	1,58	83	39	Id.	Id.	Bas d'état	
54	Sobriquet	13	1,58	P. 1/2 s.	Id.	484	420	14	975	1,77	21	1,575	86	38	Id.	Bas d'état	Id.	
55	Néva	12	1,58	P. et M. 1/2 s.	Id.	446	436	10	875	1,80	20	1,56	87	37	Cuperly	Assez bon état	Bon état	
56	Balançoire	8	1,58	Id.	Vosges	476	430	46	850	1,79	20	1,54	86	39	Id.	Bon état	Maigre	Fatigué.
57	Vigoureuse	10	1,57	P. et M. 1/2 s.	Calvados	466	432	44	950	1,84	21	1,56	85	39	Saint-Lô	Assez bon état (fatigué)	Id.	
58	Démission	6	1,57	Id.	Manche	470	433	32	950	1,81	20	1,80	82	39	Saint-Lô	Assez bon état	Bon état	Blessé dos, fatigué.
59	Écrevisse	8	1,57	P. et M. trait	M.-et-Moselle	546	504	42	1000	1,88	21	1,58	83	40	Caen	Id.	Bas d'état	Fatigué.
60	Dragon	7	1,57	Id.	Vosges	506	486	20	1000	1,86	22	1,58	84	37	Id.	Bon état	Assez bon état	Blessé dos, fatigué.
61	Caroline	11	1,57	P. et M. 1/2 s.	Saône-et-Loire	460	424	36	1050	1,85	20	1,58	82	38	Mâcon	Id.	Assez bon état	
62	Urbaine	18	1,57	P. 1/2 s., M. carross.	Id.	486	450	35	1000	1,82	21,5	1,54	85	39	Id.	Bas d'état	Id.	
63	Belle-Anna	8	1,57	P. et M. 1/2 s.	Orne	450	420	24	960	1,81	20	1,58	85	35	Alençon	Bas d'état	Assez bon état	
64	Lome	11	1,57	Id.	M.-et-Moselle	484	462	24	1000	1,83	21	1,65	87	38	Cuperly	Id.	Bas d'état	Blessé garrot.
65	Biskra	14	1,57	P. 1/2 s., M. trait	Orne	466	436	30	1000	1,82	21	1,62	80	38	Caen	Id.	Bon état	
66	Nestor	14	1,56	Id.	Calvados	588	502	86	975	1,90	22	1,56	84	41	Id.	Bon état	Assez bon état	
67	Glossaire	5	1,56	Id.	Ardennes	456	414	30	1000	1,83	21	1,56	84	38	Id.	Id.	Id.	
68	Brutus II	6	1,56	P. et M. trait	Vosges	488	450	38	900	1,85	21	1,58	88	38	Id.	Id.	Id.	
69	Farceuse	6	1,56	P. 1/2 s., M. trait	M.-et-Moselle	448	432	16	900	1,82	22	1,525	82	38	Id.	Assez bon état	Bas d'état	Blessé sangles, fatig.
70	Oisiveté	15	1,56	Id.	Orne	484	456	28	950	1,82	20	1,60	81	38	Alençon	Id.	Id.	Fatigué.
71	Australie	9	1,55	P. et M. 1/2 s.	Calvados	484	451	30	975	1,82	20	1,56	83	36	Id.	Id.	Assez bon état	Fatigué.
72	Cossu	7	1,55	Id.	Id.	492	466	28	1000	1,81	20	1,575	87	37	Id.	Id.	Id.	Fatigué.
73	Galerie	6	1,55	Id.	Ardennes	480	440	40	900	1,81	21	1,67	83	37	Faverney	Bon état	Id.	Fatigué.
74	Blond	5	1,55	P. et M. trait ardenais	M.-et-Moselle	488	450	38	1100	1,83	21	1,55	85	37	Id.	Id.	Id.	Blessé par l'avaloire.
75	Mars	7	1,55	P. 1/2 s.	Orne	460	402	58	950	1,78	21	1,50	84	37	Alençon	Bas d'état	Maigre	
76	Natte	9	1,55	Id.	Vosges	460	400	64	980	1,81	20	1,57	82	37	Cuperly	Bon état	Assez bon état	

CHEVAUX   ARDENNAIS

NUMÉRO D'ORDRE	NOM du cheval	AGE	TAILLE	ORIGINE	PROVENANCE	POIDS AVANT (kg)	POIDS APRÈS (kg)	PERTE DE POIDS (kg)	PRIX D'ACHAT (fr)	TOUR DE POITRINE (m)	TOUR DU TENDON (cm)	LONGUEUR DU CHEVAL (m)	DISTANCE DU SOL au passage des sangles (cm)	LARGEUR DU POITRAIL (cm)	dépôt de remonte acciteur	ÉTAT avant le départ	ÉTAT général à l'arrivée	BLESSURES et fatigues
1	Obier	5	1,84	P. 1/2 sang M. Trait	Meurthe-et-Moselle	579	529	50	1.100	1,90	22	1,655	90	39	Faverney	Bon état.	Assez bon état.	Très fatigué.
2	Gomm	5	1,52	P. 1/2 sang M. Trait	Ardennes	490	452	38	900	1,82	21	1,42	90	36	Id.	Bas d'état	Allègre	•
3	Biscuit	6	1,60	P. 1/2 sang bl. Trait	Meurthe-et-Moselle	490	488	22	975	1,87	21	1,60	87	40	Id.	Bon état	Assez bon état	•
4	Juges	7	1,60	P. et M. Trait	Id.	530	512	18	1.050	1,88	21	1,65	85	40	Id.	Assez bon état	Id.	•
5	Marceau II	5	id.	P. ardenn. (Syndicat)	Vosges	582	580	32	975	1,92	22	1,61	82	40	Id.	Id.	Bon état	Blessé au passage des traits, très fatigué.
6	Bergère	6	id.	P. boulonnais	Meurthe-et-Moselle	480	442	38	1.000	1,85	20	1,60	85	30	Id.	Id.	Id.	•
7	Pinchon	7	id.	P. 1/2 s. Trait	Vosges	484	430	54	1.000	1,85	21	1,57	89	39	Id.	Id.	Bon état	Fatigué.
8	Espoir	5	id.	P. et M. Trait	Ardennes	530	500	30	1.000	1,88	21	1,50	96	39	Id.	Id.	Bon état	•
9	Drame	6	1,50	Id.	Meurthe-et-Moselle	498	472	36	1.000	1,92	21	1,60	96	42	Id.	Id.	Assez bon état	Couronné, fatigué.
10	Debâcle	6	1,58	P. et M. Trait	Vosges	456	414	42	953	1,85	21,5	1,61	84	42	Id.	Assez bon état.	Assez bon état.	Blessé sur le passage des sangles, fatigué.
11	Marquis	8	1,57	Id.	Meurthe-et-Moselle	472	442	30	925	1,92	21	1,53	84	42	Id.	Bon état	Bon état	•
12	Écrevisse	5	1,57	Id.	Id.	460	418	42	1.025	1,93	22	1,58	82	39,5	Id.	Id.	Assez bon état	Fatigué.
13	Dragon	6	id.	Id.	Id.	506	686	20	1.000	1,90	21	1,58	80	40	Id.	Id.	Assez bon état	Fatigué.
14	Glossaire	5	id.	•	Ardennes	450	414	36	1.000	1,93	21,5	1,54	89	39	Id.	Id.	Bon état	•
15	Brutus II	6	id.	•	Vosges	450	430	20	1.050	1,56	21	1,58	83	38	Id.	Id.	Bas d'état	Bas d'état
16	Farceuse	6	id.	P. 1/2 s. M. Trait	Meurthe-et-Moselle	468	424	14	900	1,56	22	1,556	83	38	Id.	Assez bon état.	Id.	•
17	Galène	6	id.	•	Ardennes	468	474	38	900	1,83	20	1,58	82	39	Id.	Id.	Assez bon état	•
18	Blond	5	1,55	id. P. M. Trait ardennais	Meurthe-et-Moselle	480	440	40	950	1,83	21	1,40	83	37	Id.	Bon état	Bas d'état	Fatigué.
19	Marianne	6	1,58	P. et M. Trait	Id.	488	450	38	1.100	1,83	21	1,55	85	37	Id.	Id.	Assez bon état	Fatigué. Évacuée pour coups de pied.

CHEVAUX EXAMINÉS SPÉCIALEMENT PAR LA COMMISSION

Chevaux notés comme très aptes au trait

NOM	TAILLE	POIDS avant le départ	POIDS à l'arrivée	TOUR du tendon	PÉRIMÈTRE thoracique	LONGUEUR	LARGEUR	HAUTEUR aux sangles
	m	kg	kg	cm	m	m	cm	cm
Bombe	1,625	508	504	21	1,89	1,60	43,5	88
Consigne	1,60	510	471	21	1,82	1,615	40,5	85
Diapason	1,575	470	455	20,5	1,83	1,565	33,5	82
Russy	1,60	480	441	20	1,84	1,60	37	85
Babillard	1,59	481	447	21	1,85	1,57	37	86
Affluent	1,64	530	495	22,5	1,93	1,605	40	91
Défi	1,58	500	458	21	1,90	1,65	41,5	84
Abondance	1,61	530	512	21	1,92	1,625	38	87
Annecy	1,61	495	458	21	1,91	1,585	37	85
Voltige	1,59	532	491	21	1,91	1,615	39	83
Ail	1,59	532	488	21	1,88	1,615	41	86
Cantinière	1,60	503	480	22	1,85	1,615	42	86
Babiole	1,55	515	499	21	1,84	1,545	37	84,8
Captive	1,59	542	508	21	1,92	1,605	44	84
Sicile	1,59	527	498	20,5	1,82	1,565	42	87
Usure	1,57	478	442	20	1,82	1,615	41	82,5
Ballerine	1,585	527	501	21	1,85	1,605	41	86
Auditeur	1,60	509	483	21	1,87	1,585	42	90
Buse	1,58	518	471	20,5	1,84	1,555	42	85,5
Coclès	1,61	495	474	21	1,85	1,59	41	85,5
Urane	1,59	487	468	20	1,82	1,555	39	85,6
Bigorrée	1,59	483	480	20	1,81	1,555	36	85
Albanie	1,625	534	506	22	1,93	1,61	40	87,2
Cube	1,61	474	465	21,5	1,81	1,625	36	88
Armorial	1,62	490	483	20,5	1,85	1,555	39	88
Lisette III	1,61	500	495	20	1,87	1,615	36,5	85
Dérision	1,62	490	445	20	1,87	1,570	37	85
Coquette I	1,59	515	467	21	1,89	1,595	40	84,5
Coquette II	1,57	490	420	20	1,80	1,56	36	84
Idoménée	1,63	470	440	20	1,77	1,62	38	90
Roulette	1,61	500	475	20	1,85	1,645	37,5	86
Béros	1,60	470	440	20	1,77	1,54	35	83
Églantine	1,59	504	495	20	1,87	1,615	38	82
Éclair	1,61	485	445	21	1,86	1,60	38,5	86
Isaure	1,555	515	485	21	1,89	1,505	39,5	83,5
Fortune	1,56	500	470	21	1,81	1,59	36	84
Moskowa	1,59	510	490	21	1,80	1,65	37	85
Étape	1,56	535	500	20	1,84	1,62	38,5	81
Anisette	1,61	480	427	20,5	1,86	1,62	38	83
Giroflée	1,59	500	480	21	1,86	1,62	38	83
Urbain	1,57	486	450	20	1,84	1,54	39,5	90
Urane	1,60	534	480	22	1,92	1,64	39	86
Nuage	1,61	540	518	22	1,93	1,57	40	84
Dépêche	1,60	502	482	21	1,79	1,63	41,5	84
Caboul	1,59	484	446	21	1,82	1,60	38	86
Agécourt	1,61	554	502	22	1,89	1,63	40	90
Joyeux	1,60	522	478	21,5	1,86	1,59	39,5	88
Baïque	1,62	536	510	21	1,89	1,60	40	88
Cossu	1,55	495	470	20	1,81	1,75	39	87
Déidamie	1,58	506	458	20	1,90	1,58	39	85
Coquette XI	1,60	490	440	20	1,92	1,61	37	84
Écrou	1,64	502	482	20	1,90	1,56	39	90
Démission	1,57	470	438	20	1,87	1,50	39	82
Marceau	1,60	552	520	22	1,92	1,61	39	84
Juigas	1,60	530	512	22	1,88	1,65	39	85
Dragon	1,57	506	486	22	1,86	1,58	40	83

CHEVAUX EXAMINÉS SPÉCIALEMENT PAR LA COMMISSION

Chevaux notés comme peu aptes au trait

NOM	TAILLE	POIDS avant le départ	POIDS à l'arrivée	TOUR du tendon	PÉRIMÈTRE thoracique	LONGUEUR	LARGEUR	HAUTEUR aux sangles
	m	kg	kg	cm	m	cm	cm	m
Vin-Sec	1,65	460	432	20	1,81	1,635	35	89
Argent	1,685	533	488	22	1,88	1,63	39	92
Marquise	1,62	482	438	20,5	1,78	1,605	41,5	87
Cornulin	1,64	533	500	21	1,89	1,665	36,5	86
Aurore	1,61	466	440	20,5	1,83	1,615	36,5	87
Curzon	1,65	495	465	21,5	1,92	1,65	40	88
Donjon	1,60	466	420	22	1,82	1,655	38	85
Rosa II	1,645	490	450	21,5	1,74	1,625	35,5	88
Bayard	1,66	470	444	21,5	1,81	1,59	39,5	89
Valentole	1,595	465	432	20,5	1,78	1,62	35,5	85
Blondinette	1,62	475	405	20	1,83	1,615	37	87
Tabac	1,65	500	465	21	1,84	1,705	37,5	89
Oranger	1,60	435	410	20,5	1,82	1,565	37	87
Quille	1,55	453	435	21	1,79	1,545	38	85,5
Dorure	1,55	466	452	20,5	1,80	1,475	38	85,3
Caïd	1,595	445	428	20	1,75	1,58	38	87
Démon	1,64	523	495	22	1,80	1,605	39	89
Ugolin	1,61	418	420	20	1,73	1,555	37	89,5
Gondole	1,63	542	513	22,5	1,86	1,645	42	86,5
Coco	1,56	437	402	19	1,74	1,55	39	86
Vielle	1,59	458	420	20	1,79	1,54	37	87
L'Arme	1,65	521	488	20,5	1,80	1,625	36	88
Hélyett	1,615	456	443	20	1,85	1,585	37	85,8
Vinka	1,64	512	493	21,5	1,88	1,615	41	90,5
Vétille	1,61	461	446	20	1,77	1,605	39	86
Accueil	1,65	535	502	21	1,88	1,675	41	88,5
Arlon	1,645	506	484	22	1,80	1,58	41	91,2
Marquise	1,615	455	422	21	1,74	1,62	40	89
Hamlet	1,665	500	480	21,5	1,86	1,625	36	89
Robert	1,67	505	480	21	1,86	1,625	36	89
Horloge	1,615	485	455	20	1,76	1,645	38,5	88
Trotte-fort	1,655	515	500	21	1,85	1,67	39,5	84,5
Discret	1,635	460	440	20	1,69	1,62	33	89
Dernier	1,59	490	455	21	1,79	1,60	37,5	86
Jonquette	1,62	496	462	21	1,79	1,625	37	90
Donjon	1,60	445	410	20,5	1,79	1,565	36	88,5
Goyave	1,55	455	440	20	1,72	1,535	36,5	86
Montcalm	1,60	440	420	19	1,77	1,60	35	84
Aboukir	1,60	460	420	20	1,76	1,57	38	87
Brunette	1,58	448	430	18	1,77	1,525	39	84
Vérifiant	1,64	472	458	22	1,82	1,56	38	94
Ribe	1,61	476	468	21	1,88	1,58	40	90
Madrigal	1,60	464	450	21	1,85	1,50	39	86
Olga (Alençon)	1,62	474	458	21	1,85	1,56	37	90
Kiou-Siou	1,59	460	450	21	1,85	1,595	40	85
Pékin	1,59	470	442	21	1,80	1,63	38,5	87
Bamboula	1,65	520	484	22	1,80	1,68	39	90
Crapule	1,64	496	450	20	1,85	1,61	38	88
Olga (Caen)	1,63	488	442	20	1,87	1,61	43	85
Avrilin	1,63	466	422	20	1,81	1,63	38	88
Caducée	1,605	495	463	22	1,82	1,65	38	87
Bayette	1,62	452	440	21	1,71	1,63	39	90
Mastrillo	1,64	500	460	21	1,88	1,57	37	91
St-Gall	1,67	520	478	23	1,82	1,62	37	91

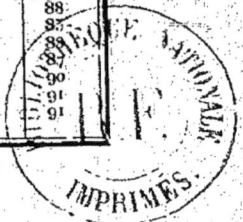

TABLE DES MATIÈRES

VADE-MECUM

DES

VÉTÉRINAIRES MILITAIRES

ACTIVE, RÉSERVE ET ARMÉE TERRITORIALE

ÉTABLI PAR LE MINISTÈRE DE LA GUERRE (*Section technique vétérinaire*)

1909. Un fort volume grand in-8 de 1000 pages, broché . . . . **10 fr.**
Relié en percaline gaufrée or . . . . **12 fr.**

— 1ᵉʳ **Supplément**, *arrêté à la date du 1ᵉʳ mars 1910.* Un volume in-8
de 143 pages, broché. . . . . **2 fr.**

Manuel de la Ferrure du Cheval

par A. THARY

VÉTÉRINAIRE DÉPARTEMENTAL, ANCIEN RÉPÉTITEUR DE ZOOTECHNIE A L'ÉCOLE D'ALFORT
ANCIEN PROFESSEUR DE MARÉCHALERIE A L'ÉCOLE DE CAVALERIE

1909. Un volume grand in-8 de 413 pages, avec 436 figures dans le texte, en
reliure souple gaufrée or . . . . **7 fr. 50**

LES CHEVAUX DE L'ARMÉE

SOUS LA RÉVOLUTION ET L'EMPIRE

par Camille BIDAULT, VÉTÉRINAIRE EN PREMIER AU 6ᵉ RÉGIMENT DU GÉNIE

1909. Un volume grand in-8 de 174 pages, broché . . . . **3 fr.**

PUBLICATIONS DE LA SECTION HISTORIQUE DE L'ÉTAT-MAJOR DE L'ARMÉE

ORGANISATION ET TACTIQUE DES TROIS ARMES

La Cavalerie de 1740 à 1789, par le lieutenant-colonel breveté Édouard Desbrière,
ancien chef de la section historique, et le capitaine Maurice Sautai, attaché à la section
historique. 1906. Un volume grand in-8 de 139 pages, avec un plan, broché . . . **3 fr.**

La Cavalerie pendant la Révolution (*Du 14 juillet 1789 au 26 juin 1794*). —
La Crise, par les mêmes. 1907. Un volume grand in-8 de 442 pages, avec 7 croquis et
8 planches hors texte, broché . . . . **10 fr.**

La Cavalerie pendant la Révolution. La fin de la Convention (*Du 10 juin
1794 au 27 octobre 1795*), par les mêmes. 1908. Un volume grand in-8 de 251 pages,
avec 20 cartes et croquis, broché . . . . **6 fr.**

La Cavalerie sous le Directoire, par les mêmes. 1909. Un volume grand in-8 de
403 pages, avec 8 cartes et croquis, broché . . . . **10 fr.**

Nancy, impr. Berger-Levrault et Cie